L'ARTILLERIE ALLEMANDE

DANS LES COMBATS DE

WISSEMBOURG

ET DE

WOERTH

PAR R. GASSELIN

CAPITAINE D'ARTILLERIE

AVEC FIGURES DANS LE TEXTE

PARIS

BERGER-LEVRAULT & Cie, LIBRAIRES-ÉDITEURS

5, rue des Beaux-Arts, 5

MÊME MAISON A NANCY

1877

L'ARTILLERIE ALLEMANDE

DANS LES COMBATS

DE WISSEMBOURG ET DE WŒRTH

L'ARTILLERIE ALLEMANDE

DANS LES COMBATS DE

WISSEMBOURG

ET DE

WOERTH

PAR R. GASSELIN

CAPITAINE D'ARTILLERIE

AVEC FIGURES DANS LE TEXTE

(Extrait de la *Revue d'artillerie*.)

PARIS

BERGER-LEVRAULT & Cie, LIBRAIRES-ÉDITEURS

5, rue des Beaux-Arts, 5

MÊME MAISON A NANCY

1877

L'ARTILLERIE ALLEMANDE

DANS LES COMBATS

DE WISSEMBOURG ET DE WŒRTH

I. — COMBAT DE WISSEMBOURG.

(4 AOUT 1870.)

D'après l'ouvrage : *Die deutsche Artillerie in den Schlachten und Treffen des deutsch-franzœsischen Krieges 1870-1871. — Das Treffen von Weissenburg, am 4. August 1870*, von E. HOFFBAUER, Major und etatsm. Stabsoffizier im 2. badischen Feld-Artillerie-Regiment Nr. 30. — Berlin, 1876, Ernst Siegfried Mittler und Sohn (¹).

Situation générale. — Le 30 juillet 1870, la 3ᵉ armée allemande, qui se formait de Landau à Rastadt, reçut du grand quartier général l'ordre de marcher vers le S., par la rive gauche du Rhin, pour chercher l'ennemi et l'attaquer. Le Prince Royal, qui la commandait, après avoir attendu pendant quelques jours afin de compléter son organisation, se décida à franchir la frontière et prescrivit les mouvements suivants pour la matinée du 4 août (fig. 1) :

La 4ᵉ *division du IIᵉ corps bavarois* (général de Bothmer) devait marcher en avant-garde de Bergzabern vers Wissembourg ;

Le *reste du IIᵉ corps bavarois* (général de Hartmann), de Walsheim vers Ober-Otterbach ;

La 4ᵉ *division de cavalerie* (général prince Albert de Prusse), d'Offenbach à Otterbach ;

(¹) Cet ouvrage, comprenant 62 pages de texte et 2 cartes, fait partie d'une publication rédigée, par ordre supérieur, d'après le compte rendu de l'état-major général, les rapports et les journaux de marche officiels de l'artillerie allemande, et devant comprendre le récit des opérations de cette artillerie dans les différentes batailles de la campagne de 1870-1871.

Fig. 1. $\left(\dfrac{1}{320,000}\right)$

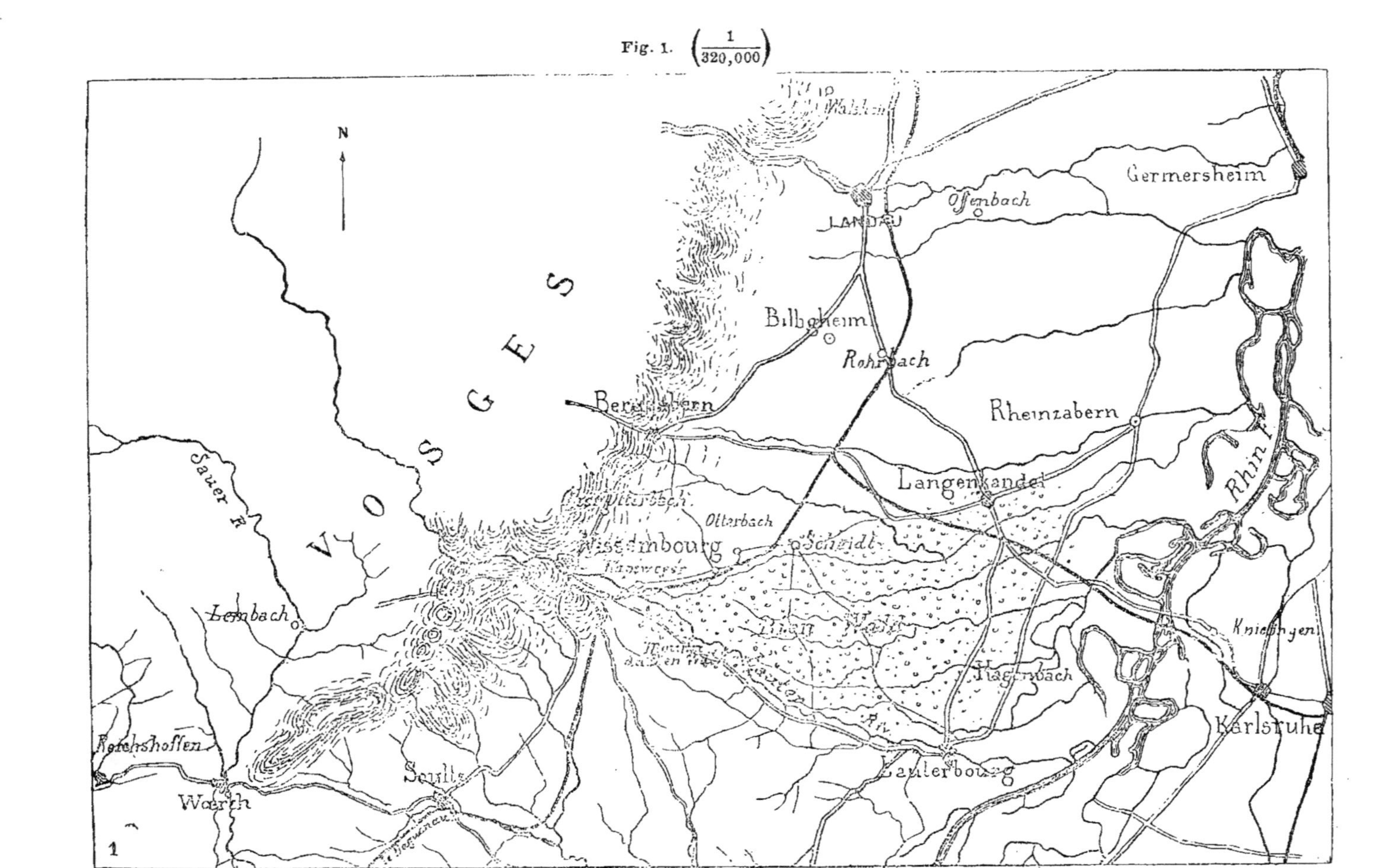

Le *V^e corps prussien* (général de Kirchbach), de Billigheim vers Kapsweyer;

Le *XIe corps prussien* (général de Bose), de Rohrbach vers le moulin du Bienwald en traversant la pointe du bois;

Le *corps d'armée du général de Werder*, composé d'une division wurtembergeoise, à Knietingen, et d'une division badoise, à Hagenbach, devait atteindre Lauterbourg;

Enfin le *Ier corps bavarois* (général de Tann), qui occupait Germersheim, avait l'ordre de se diriger vers Langenkandel.

Il n'y avait en présence de la 3e armée allemande que le 1er *corps français* (maréchal de Mac-Mahon), qui était en voie de formation : sa 1re division (général Ducrot) était en marche sur Lembach; la 2e (général Abel Douay) occupait Wissembourg; la 3e (général Raoult), Reichshoffen; la 4e (général de Lartigue), Haguenau.

Description du terrain. — La division du général Abel Douay, qui allait être seule engagée, était développée entre les Vosges et le Bienwald (fig. 2). Son front était couvert par la Lauter dont le cours constitue un obstacle difficile à franchir. Les hauteurs de la rive S., formées par les contre-forts des Vosges, dominent celles de la rive N., et se terminent brusquement vers le S. - E. par un point culminant sur lequel est construit le château du Geissberg.

L'aile gauche française s'appuyait à Wissembourg, place déclassée depuis 1867, mais encore entourée d'une enceinte continue, à l'abri de l'escalade. Des deux côtés de la ville se trouvent les restes sans importance d'épaulements construits en 1793 et connus sous le nom de *Lignes de Wissembourg*. Au N. est situé le Wurmberg qui forme le commencement des Vosges et dont les pentes fortement accidentées ne sont accessibles aux troupes que sur les routes.

En raison de la disposition du terrain, le général

Douay avait été obligé d'étendre son aile droite jusqu'au

Fig. 2. $\left(\dfrac{1}{50,000}\right)$

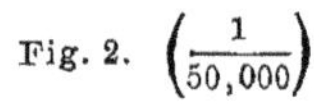

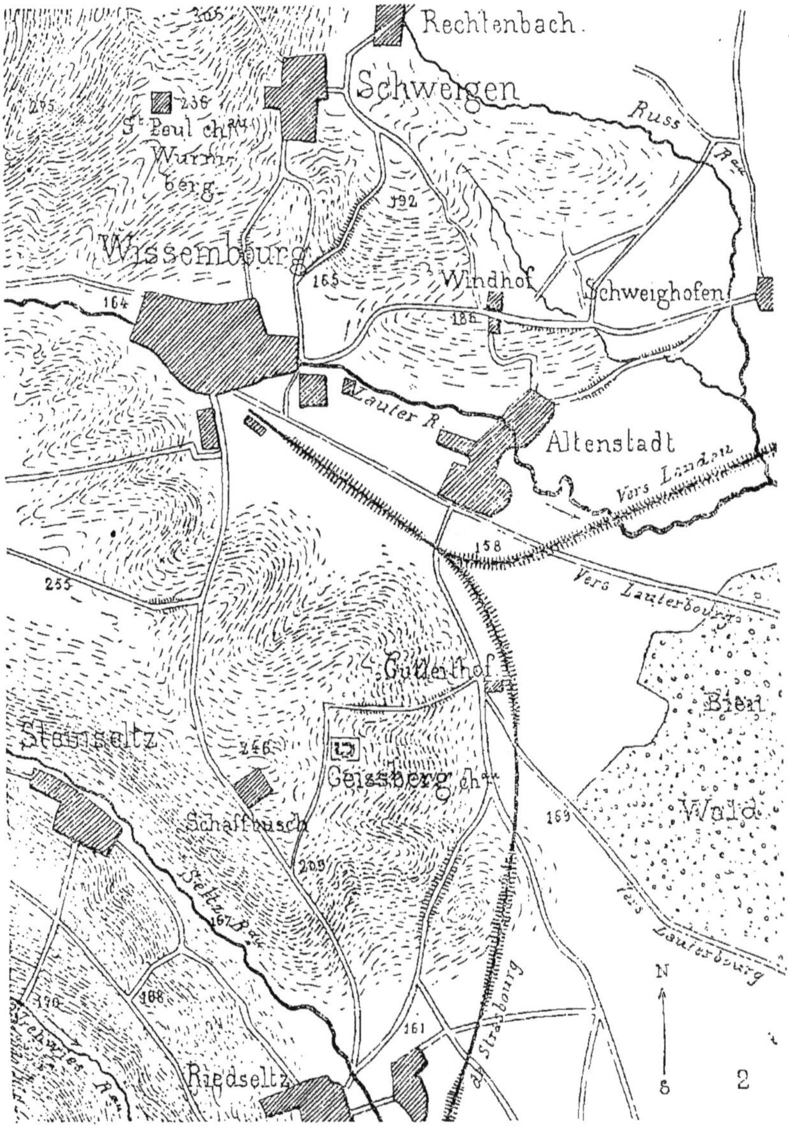

château du Geissberg. Les bâtiments massifs et les murs

élevés de cette construction offraient à la défense un point d'appui solide, qu'une houblonnière masquait, du côté du N., aux vues de l'assaillant. Au S., le flanc droit de la position française était couvert, contre un mouvement tournant, par le Bienwald et par les nombreux cours d'eau qui le traversent.

La position de la division Douay présentait les avantages suivants :

Elle commandait le terrain situé en avant ;

Elle offrait de nombreux abris pour défiler les combattants et les réserves ;

Elle était protégée de front par un obstacle naturel ;

Ses deux ailes étaient fortement appuyées ;

Mais elle avait une étendue de 3 kilomètres, beaucoup trop considérable ;

L'ennemi pouvait se servir du village abandonné d'Altenstadt pour préparer et soutenir ses attaques contre Wissembourg ; il lui était d'ailleurs facile de dérober sa marche au travers du Bienwald et de s'approcher sans être vu de l'aile droite française.

Attaque de Wissembourg. — Le matin du 4 août, à 8 heures et demie, l'avant-garde de la 4ᵉ division bavaroise atteignit Schweigen. La 6ᵉ batterie de 6, qui l'accompagnait, et la 2ᵉ de 4, envoyée aussitôt en renfort, s'établirent à 400 mètres au S. du village (A, fig. 3) et ouvrirent le feu à 900 mètres sur Wissembourg. La position n'était pas favorable : la nature du sol fraîchement remué diminuait, il est vrai, les effets meurtriers des projectiles français, mais les vignobles gênaient la vue, empêchaient le mouvement des voitures et permettaient aux tirailleurs ennemis de s'approcher à couvert jusqu'à 300 mètres. Le terrain ne présentait enfin aucun abri pour les pièces et les avant-trains, qui se trouvaient exposés au tir très-vif et parfaitement dirigé de deux batteries françaises. L'une de celles-ci, placée près de la route de Strasbourg, était masquée par un rideau de peupliers qui la rendait pres-

Fig. 3. $\left(\dfrac{1}{50,000}\right)$

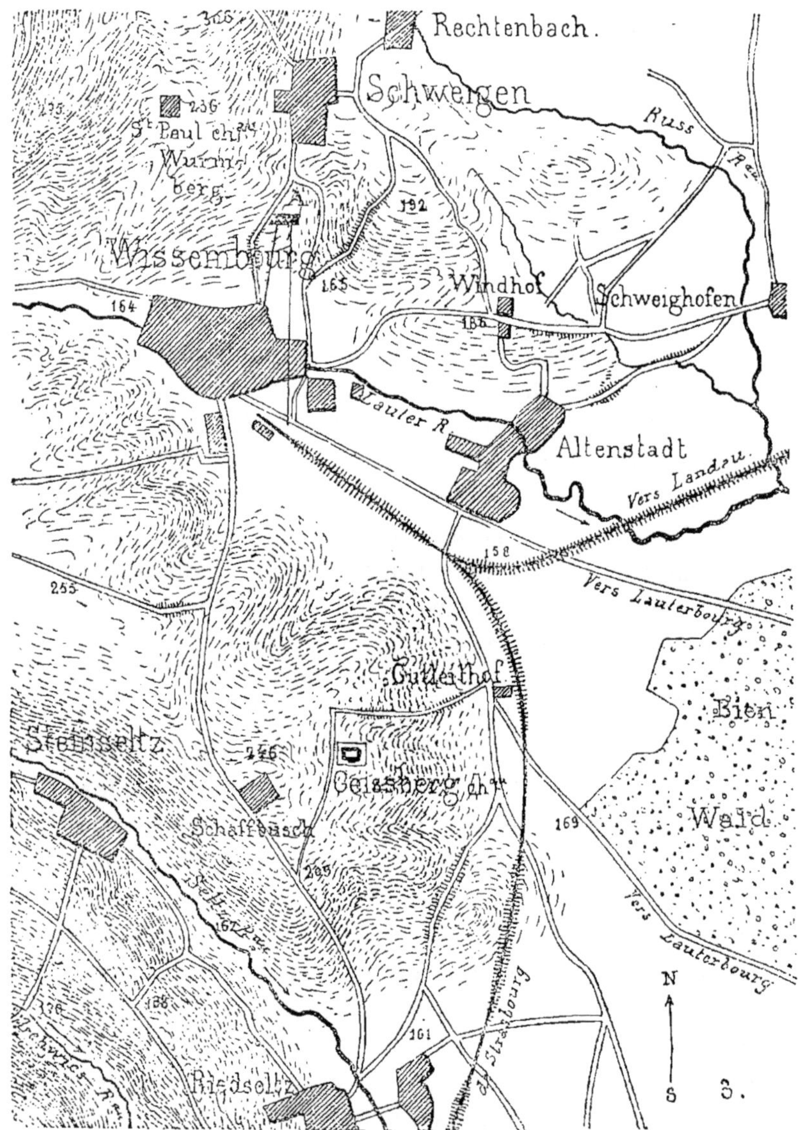

Attaque de Wissembourg.

A, 6e batterie de 6 et 2e batterie de 4 du IIe corps.

que invisible; l'autre, établie à l'O. de la première, prenait en écharpe la ligne des bouches à feu de l'assaillant. La 8e de 6 exécuta un changement de front pour faire face à l'ennemi; mais les deux batteries bavaroises ne réussirent pas à l'emporter dans la lutte qu'elles avaient engagée. Leurs munitions s'épuisèrent et leur situation devint de plus en plus critique. Profitant de l'entrée en ligne de plusieurs autres batteries allemandes au N.-E. de Wissembourg, elles abandonnèrent le combat pour aller se refaire, à l'abri, au N. de Schweigen. Cette retraite fut exécutée par échelons, mais présenta de grandes difficultés. En raison de l'état du sol, on ne put amener les avant-trains et mettre les voitures en mouvement que très-lentement, avec les efforts les plus énergiques; il fallut suivre, entre les obstacles naturels dont le terrain était couvert, un véritable défilé sur lequel l'ennemi dirigea un feu rapide à shrapnels. Un caisson resta momentanément en arrière et ne put être enlevé qu'avec l'aide des servants et de l'infanterie.

Cependant la 1re batterie de 4 et la 5e de 6 avaient pris position au N. de Windhof (A, fig. 4) et tiraient sur Wissembourg. D'autre part, l'avant-garde du Ve corps, arrivée à Klein-Steinfeld, hâtait sa marche et se développait au S.-E. d'Altenstadt; en même temps, le général de Bose, qui avait déjà atteint Schleithal, remontait la vallée de la Lauter par la rive droite en se dirigeant sur Wissembourg au bruit du canon. Les 1re et 2e légères du Ve corps (B et C, fig. 4), 2e lourde et 1re légère du XIe (D, fig. 4), placées à la lisière du Bienwald, ouvrirent le feu à 1 200 mètres sur une batterie de mitrailleuses ennemies que l'on apercevait au sommet du Geissberg. Cette dernière, après l'explosion de deux de ses avant-trains, fut obligée de se retirer malgré les pertes importantes que son feu et celui de l'infanterie avaient fait éprouver à l'assaillant. Elle fut remplacée par les deux batteries de canons qui venaient de lutter avec succès contre les Bavarois (voir

Fig. 4. $\left(\dfrac{1}{50,000}\right)$

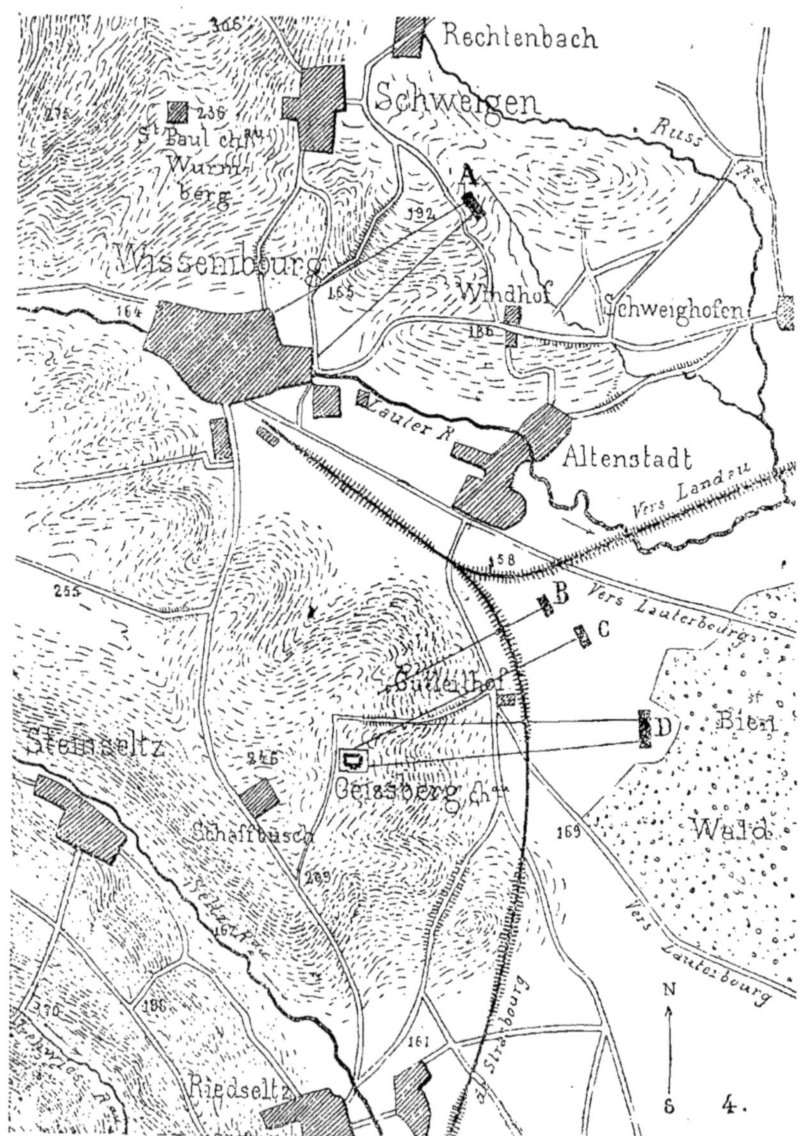

Arrivée des V⁰ et XI⁰ corps.

A, 1ʳᵉ batterie de 4 et 5ᵉ batterie de 6 du II⁰ corps.
B, 1ʳᵉ batterie légère
C, 2ᵉ batterie légère } du V⁰ corps.
D, 2ᵉ batterie lourde et 1ʳᵉ batterie légère du XI⁰ corps.

COMBAT DE WISSEMBOURG.

Fig. 5. $\left(\dfrac{1}{50,000}\right)$

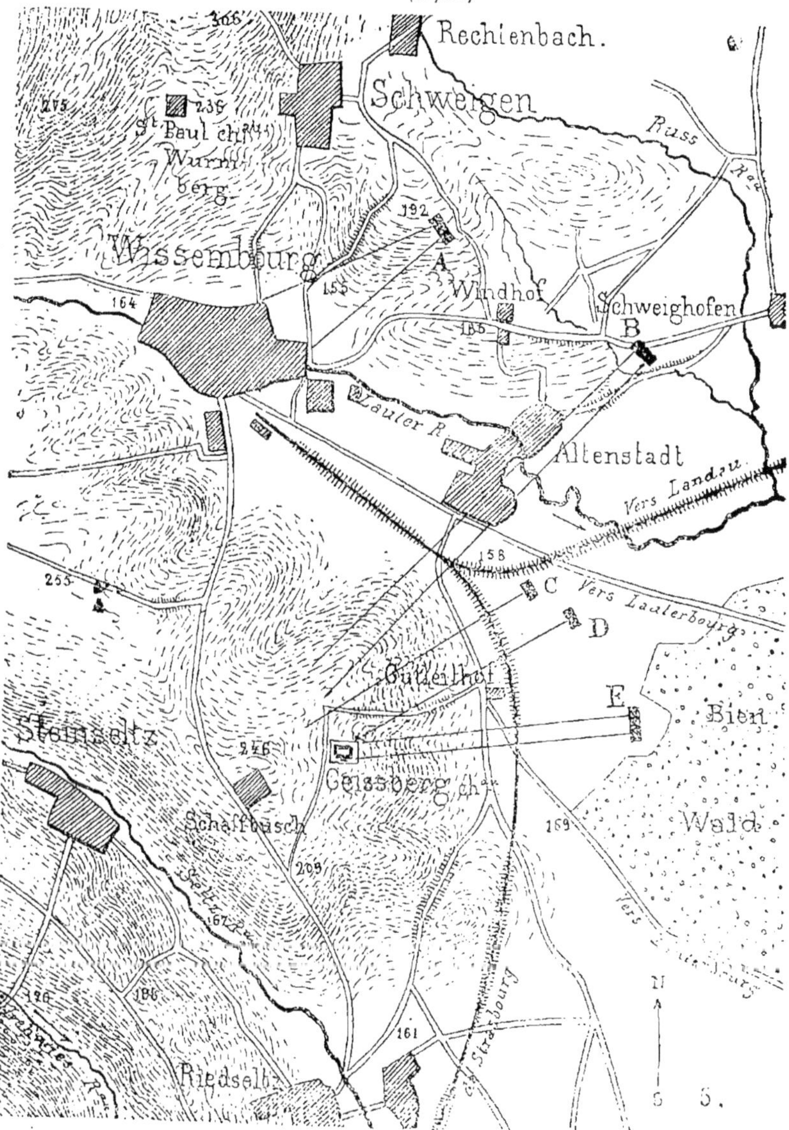

Arrivée des V⁰ et XI⁰ corps.

A, 1ʳᵉ batterie de 4 et 5ᵉ batterie de 6 du II⁰ corps.
B, 1ʳᵉ et 2 batteries lourdes. }
C, 1ʳᵉ batterie légère. . . . . } du V⁰ corps.
D, 2 batterie légère . . . . }
E, 2ᵉ batterie lourde et 1ʳᵉ batterie légère du XI⁰ corps.

p. 5), un nouveau combat s'engagea de 1 500 à 1 600 mètres; mais les projectiles français dépassèrent le but ou éclatèrent à une grande hauteur sans produire d'effets : l'avantage resta à l'artillerie allemande, que l'arrivée successive de plusieurs batteries prussiennes rendait de plus en plus puissante.

Le général de Kirchbach avait donné l'ordre de faire avancer au trot les 1re et 2e lourdes (9e division) ainsi que l'artillerie de corps. Les deux batteries divisionnaires, arrivées les premières, s'établirent d'abord au N.-E. d'Altenstadt pour contre-battre une batterie française placée sur le Geissberg (B, fig. 5). Mais, après quelques coups, elles cessèrent leur feu que l'étendue de la portée, 3 400 mètres, rendait inefficace et s'avancèrent à l'O. de Windhof où elles prirent une nouvelle position. Elles y furent rejointes par l'artillerie de corps qui s'était approchée, au bruit du canon, avant d'avoir reçu l'ordre du général de Kirchbach.

Une ligne de 30 bouches à feu se forma ainsi à l'O. de Windhof (B, fig. 6), sous la direction du colonel Gæde, commandant l'artillerie du Ve corps. Faute de place, la 4e légère et les deux batteries à cheval restèrent en réserve un peu en arrière. Le tir fut en général dirigé sur les colonnes d'infanterie française, à une distance de 1 500 à 2 000 mètres; sur la cavalerie ennemie qu'on aperçut un instant à 2 200 mètres, à l'E. de la route de Strasbourg; sur Wissembourg, éloigné de 750 à 1 200 mètres, et en particulier sur la tour de l'église que plusieurs pièces prirent pour but. Enfin un long combat s'engagea avec l'artillerie française qui occupait le sommet du Geissberg. Mais en raison de la grande distance, l'effet produit fut presque nul de part et d'autre, et les batteries allemandes cessèrent le feu.

Prise de Wissembourg. — Cependant l'infanterie allemande, malgré la résistance très-énergique que lui opposait l'ennemi, s'approchait de tous côtés de Wissembourg.

Fig. 6. $\left(\dfrac{1}{50,000}\right)$

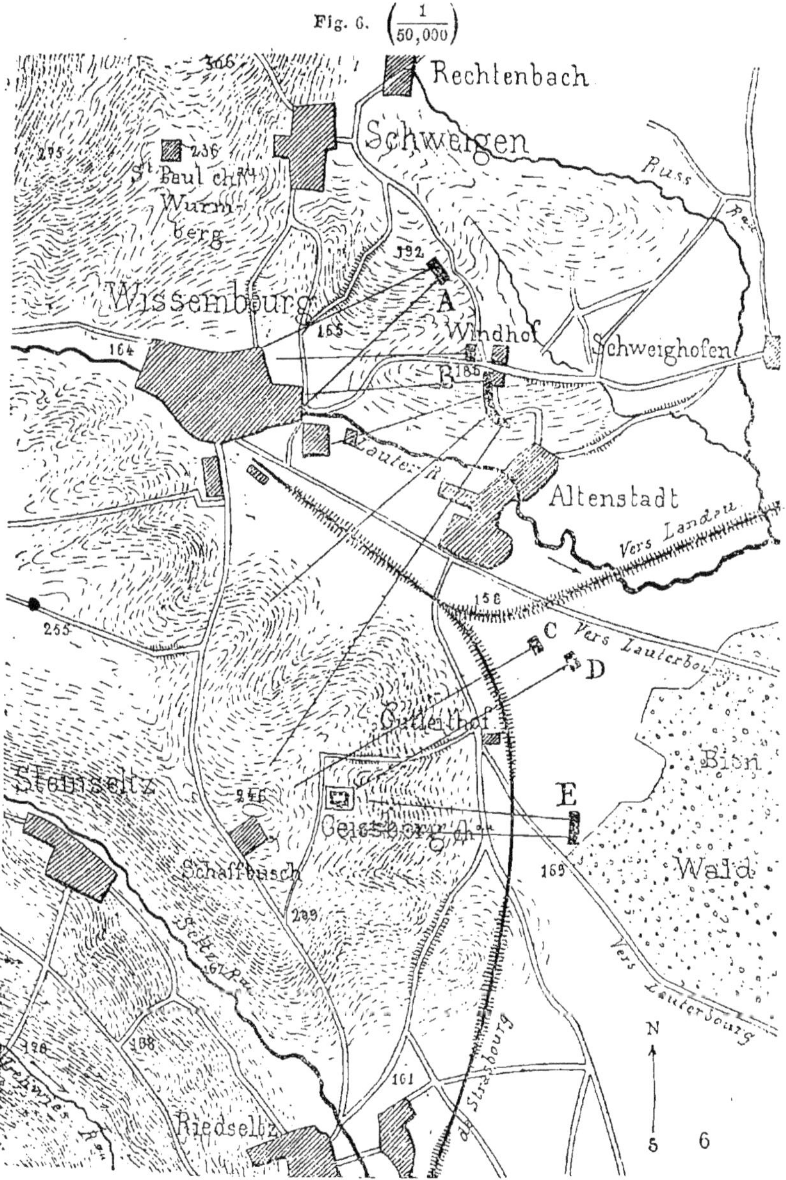

Développement de l'artillerie du Vᵉ corps.

A, 1ʳᵉ batterie de 4 et 5ᵉ batterie de 6 du IIᵉ corps.
B, 3ᵉ batterie légère ; 3ᵉ, 4ᵉ, 5ᵉ et 1ʳᵉ batteries lourdes ⎞
C, 1ʳᵉ batterie légère. . . . . ⎬ du Vᵉ corps.
D, 2ᵉ batterie légère. . . . . ⎠
E, 2ᵉ batterie lourde et 1ʳᵉ batterie légère du XIᵉ corps.

Au S., les troupes du V⁰ corps avaient emporté les bâtiments de la gare après un combat violent. Leurs pertes
furent d'autant plus considérables que l'artillerie, massée
tardivement, n'avait pas assez préparé l'attaque. A l'E.,
les Bavarois attaquaient la porte de Landau. Afin de les
soutenir, le colonel Gæde donna l'ordre à deux sections
de la 3⁰ batterie lourde de s'approcher pour battre cette
porte ; le lieutenant-colonel Köhler, qui était au courant
de la situation sur ce point du champ de bataille, les
précéda pour les établir. Cet officier supérieur recon-
nut que les tirailleurs français avaient évacué les rem-
parts ; il s'entendit avec les commandants des troupes

$$\text{Fig. 7.} \quad \left(\frac{1}{25,000}\right)$$

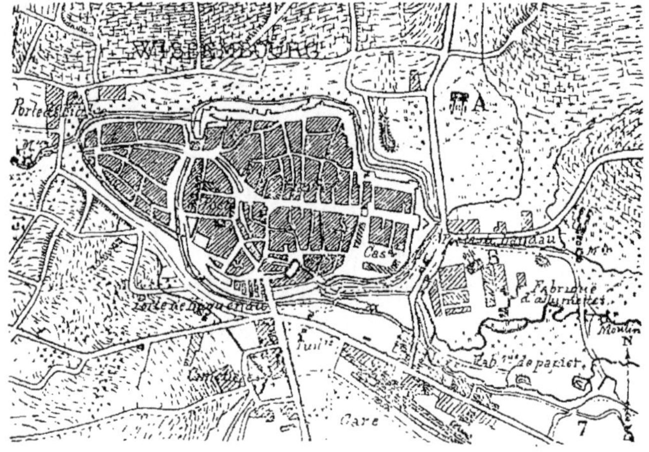

Attaque de la porte de Landau.

A, une section de la 1ʳᵉ batterie légère du II⁰ corps.
B, une section de la 3⁰ batterie lourde du V⁰ corps.

bavaroises et prussiennes qui se trouvaient sur les lieux,
leur indiqua les mesures nécessaires pour assurer la protection de l'artillerie, choisit une position pour une section
dans un jardin situé à 40 mètres de la porte, au S. de la
route, et fit abattre par l'infanterie les haies qui l'entou-
raient (B, fig. 7). L'espace restreint dont on disposait ne

permettant de mettre en batterie que deux pièces, la deuxième section fut laissée à l'abri. On tira d'abord au travers de la porte en bois pour balayer les rues en arrière, puis sur un des piliers pour le renverser et amener ainsi la chute du pont-levis. On s'aperçut bientôt que les éclats des projectiles ricochaient sans produire beaucoup d'effet et on essaya de tirer trois obus sans fusée, mais on ne réussit qu'à abattre le montant du pont-levis. Cependant une section de la 1re batterie de 4 s'était établie au N., à 400 mètres de la porte (A, fig. 7), et en bombardait les abords avec un succès appréciable. Lorsqu'ils parurent suffisamment dégagés, l'ordre fut donné de cesser le feu, et des chasseurs bavarois, après avoir escaladé les piliers, firent tomber à coups de hache le tablier du pont.

Les Allemands se précipitèrent dans la ville qu'ils trouvèrent en partie évacuée.

Prise du Geissberg. — Pendant que la division perdait ainsi l'un de ses points d'appui, son aile droite, vivement attaquée par les Ve et XIe corps, luttait avec la plus grande ténacité dans le château du Geissberg. L'infanterie de l'assaillant, qui entourait ce dernier centre de résistance, avait échoué dans toutes ses tentatives pour s'en emparer, et restait exposée inutilement au feu terrible des défenseurs : il était urgent de faire intervenir l'artillerie. Déjà la 2e lourde et la 1re légère du XIe corps s'étaient avancées de position en position à 1 500 mètres du château (E, fig. 6), puis à 1 100 mètres, à l'O. du chemin de fer (D, C, fig. 8), mais elles furent masquées par les colonnes d'attaque qui atteignaient le voisinage du but. Au N., la 2e légère du Ve corps, chargée d'ouvrir une brèche, gravit avec les plus grandes difficultés les pentes du Geissberg : les chevaux, que des temps de trot prolongés dans de mauvais chemins avaient déjà fatigués, n'arrivèrent au sommet que dans un état d'épuisement complet, et trois pièces restèrent momentanément en arrière. Le tir commencé

Fig. 8. $\left(\frac{1}{50,000}\right)$

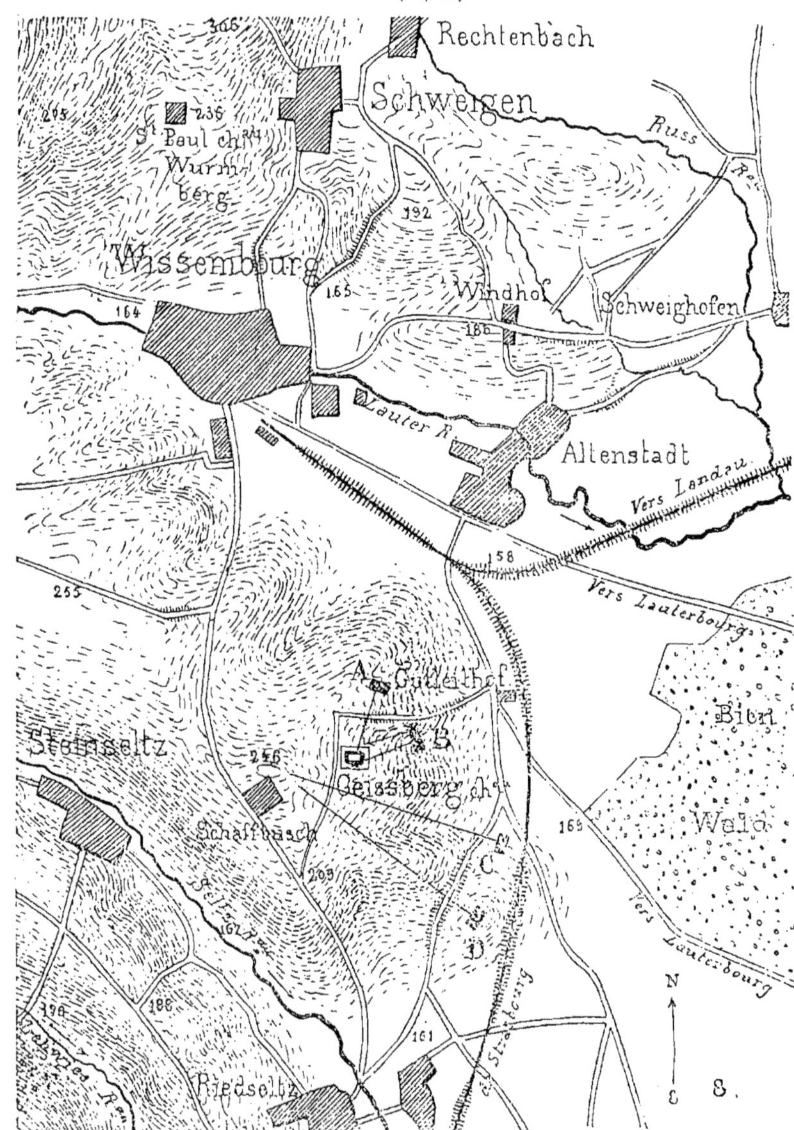

Assaut du Geissberg.

A, 2ᵉ batterie légère. . . . . }
B, 1ᵉ batterie légère et 3ᵉ batterie lourde. . } du V corps.
C, 1ᵉ batterie légère } du XI corps.
D, 2ᵉ batterie lourde }

à 600 mètres et continué à 450 mètres, puis à 370 (A. fig. 8), fut dirigé, par section, sur les différents étages des bâtiments. Chaque coup portait non-seulement dans l'ensemble de la construction, mais encore dans l'étage et même dans la fenêtre qui avaient été visés. La nouvelle inexacte de la prise du château fit un instant interrompre le bombardement, mais on le reprit bientôt avec vivacité, sur l'ordre du général de Kirchbach. Malgré le feu violent et à faible distance des défenseurs, les pertes de la batterie ne furent pas très-considérables. On peut s'expliquer cette circonstance par les raisons suivantes : d'une part, le tir de l'infanterie française devint incertain et trop long après l'éclatement des premiers obus à fusée percutante; d'autre part, les pièces allemandes, à la suite de salves rapides, se trouvèrent bientôt entourées d'un épais nuage de fumée que le vent, très-faible à ce moment, ne réussit pas à dissiper ; enfin, un pli de terrain situé en avant de la batterie cachait les avant-trains complétement et les servants jusqu'à la tête.

Bientôt après la 2ᵉ légère du Vᵉ corps, la 1ʳᵉ légère gravit à son tour et non sans peine les pentes de la hauteur. Elle s'établit à côté du chemin de Gutleithof et commença à tirer à 600 mètres; ayant aussi reçu la fausse nouvelle de la prise du château, elle s'était remise en marche vers l'O., lorsque, sur des renseignements plus exacts, elle reçut l'ordre de revenir en arrière pour reprendre une nouvelle position près de celle qu'elle venait d'occuper. Elle y fut rejointe par la 2ᵉ lourde (B, fig. 8). Le feu de ces trois batteries eut bientôt ouvert des brèches dans les maçonneries et bouleversé l'intérieur des bâtiments.

En même temps, le reste de l'artillerie des Vᵉ et XIᵉ corps était mis en mouvement vers le sommet du Geissberg. Entourés et menacés de toutes parts, les défenseurs du château furent obligés de se rendre. Leur résistance opiniâtre, en arrêtant l'assaillant, avait protégé la retraite des

troupes françaises et leur avait permis de se replier rapidement et de se dérober aux vues. Seules, la 1re légère
et les deux batteries à cheval du XIe corps, qui s'étaient
avancées en toute hâte, la première au S. de Schaffbusch
(A, fig. 9), les deux autres au N.-O. de Riedseltz (B, B',
B'', fig. 9), purent encore tirer quelques coups sur les
dernières colonnes ennemies qui disparaissaient dans le
bois du Bubeneich.

$$\text{Fig } 9. \left(\frac{1}{50{,}000}\right)$$

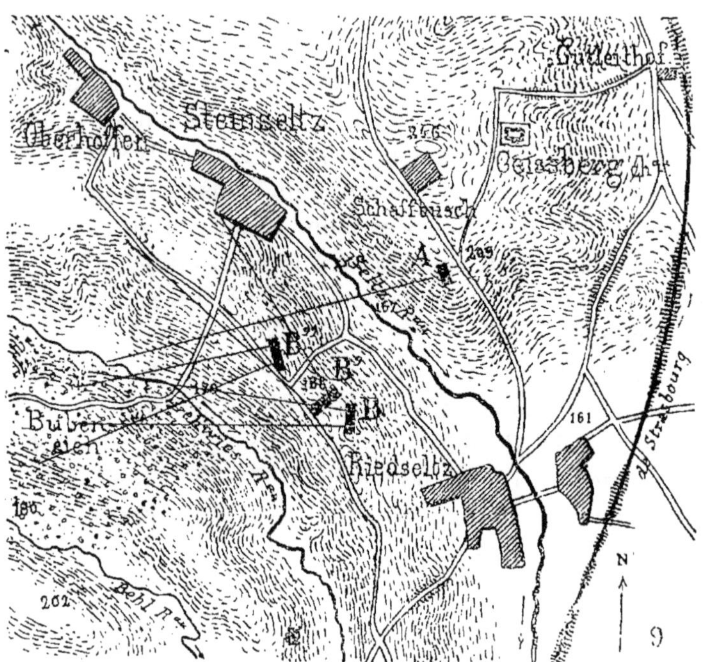

Pendant la retraite de la division française.

A, 1re batterie légère. . . . .
B, B', B'', positions successives des 1re et 3e batteries à cheval . . } du XIe corps.

**Remarques sur le rôle de l'artillerie allemande pendant
le combat de Wissembourg.** — Le combat de Wissembourg est plutôt une reconnaissance offensive qu'un combat régulier. Il se compose d'une suite d'épisodes partiels
dans lesquels le rôle de l'artillerie n'a pas eu la même

importance que dans les batailles ultérieures. On peut cependant faire, au sujet de l'emploi de cette arme dans des circonstances particulières, plusieurs remarques qu'il a paru utile de résumer ci-dessous.

Au commencement de l'action, la 4ᵉ division bavaroise se heurte à une résistance sérieuse et est obligée d'attendre le secours des autres corps. Les deux batteries qui la précèdent, s'étant hasardées à engager la lutte avec une artillerie numériquement égale, sont obligées de se retirer en toute hâte pour se refaire, et ne reparaissent plus sur le champ de bataille. L'échec qui leur est infligé, malgré la supériorité de leur matériel et le commandement de la position qu'elles occupent, est « particulièrement instructif ». Il met en évidence les avantages qu'une situation enveloppante et couverte a assurés aux deux batteries françaises en leur permettant de faire converger leurs feux sur l'artillerie bavaroise resserrée dans un étroit espace, et de régler facilement leur tir tandis qu'un rideau de peupliers les dérobait à l'observation. On peut aussi conclure de cet exemple qu'il est ordinairement possible au défenseur de choisir les positions les plus favorables. L'assaillant, au contraire, ne peut se décider que d'après une reconnaissance rapide des lieux : la moindre hésitation l'expose à manquer une occasion importante.

A l'aile droite, pendant l'attaque dirigée contre Wissembourg, lorsque l'échec des premières batteries bavaroises a éclairé la situation, l'artillerie allemande s'avance avec plus de prudence. Mais la disposition des colonnes, échelonnées sur les routes de telle sorte que l'artillerie de corps se trouve en arrière, empêche cette dernière d'arriver assez tôt pour qu'il soit possible de la grouper en masses puissantes. Le colonel Gæde, commandant l'artillerie du Vᵉ corps, ne réussit que tardivement à réunir 30 bouches à feu sous ses ordres ; l'effet produit est insuffisant pour faciliter l'attaque de Wissembourg, qui coûte à l'infanterie, en raison de cette circonstance, des pertes considérables.

Il en est de même à *l'aile gauche,* où l'on voit échouer les premières colonnes lancées contre le château du Geissberg sans le concours de l'artillerie, celle-ci est en effet retardée par des difficultés de toute nature : mauvais état et encombrement des chemins, raideur des pentes, fatigue des chevaux. Ce n'est qu'après l'arrivée de plusieurs batteries sur le théâtre même du combat et en première ligne, que les défenseurs sont obligés de se rendre.

Enfin, *pendant la retraite de l'armée française,* les batteries à cheval du XIe corps réussissent seules à s'avancer assez rapidement pour tirer encore quelques coups sur les dernières troupes ennemies.

On peut faire, au sujet du rôle que l'artillerie allemande a joué pendant le combat de Wissembourg, les observations suivantes :

Malgré la légèreté de leur *matériel,* les batteries ont éprouvé de grandes difficultés à se mouvoir, même sur les chemins. Il a fallu, à différentes reprises, utiliser jusqu'à leur extrême limite les forces des chevaux, et il en est résulté des retards préjudiciables.

En ce qui concerne la *répartition des batteries* dans les colonnes de marche, il est utile de remarquer qu'en général l'artillerie de corps, éloignée des avant-gardes, n'a pas pu parvenir en temps utile sur le champ de bataille.

Les *distances de tir* varièrent entre 40 et 3 400 mètres. De 2 600 à 3 000 mètres, le feu ne produisit aucun effet ; à 2 300 mètres, et contre des masses de cavalerie, quelques résultats parurent être obtenus ; mais le tir ne fut réellement très-efficace qu'à 1 000 mètres et au-dessous.

L'*observation des coups* fut généralement difficile, car les vues étaient gênées, dans la vallée de la Lauter, par des rideaux de peupliers, et sur le Geissberg, par une houblonnière située au N. du château.

L'*approvisionnement des batteries* a été facilement assuré ;

il fut complété le soir même pour la 4ᵉ division bavaroise et
le XIᵉ corps prussien, le lendemain pour le Vᵉ corps.

Ordre de marche des Vᵉ, XIᵉ et IIᵉ corps.

(4 août 1870.)

Vᵉ CORPS D'ARMÉE.

Avant-garde. — Pointe (17ᵉ brigade) . .	2 escadrons. 2 compagnies. 1 bataillon. 1ʳᵉ batterie légère. 1 bataillon.
— Gros (17ᵉ brigade) . . .	1 bataillon. 2ᵉ batterie legère. 2 bataillons. 2 escadrons.
Gros. — 1° 18ᵉ brigade	3 bataillons. 2ᵉ batterie lourde. 1ʳᵉ batterie lourde. 3 bataillons.
— 2° Artillerie de corps	3ᵉ batterie lourde. 4ᵉ batterie lourde. 3ᵉ batterie légère. 4ᵉ batterie légère. 2ᵉ batterie à cheval. 3ᵉ batterie à cheval.
— 3° 10ᵉ division	12 bataillons. 4 escadrons. 4 batteries.

XIᵉ CORPS D'ARMÉE.

Avant-garde. — 42ᵉ brigade . . . .
$\left\{\begin{array}{l}\text{1 escadron.}\\\text{1 bataillon.}\\\text{2ᵉ batterie légère.}\\\text{1ʳᵉ batterie lourde.}\\\text{5 bataillons.}\\\text{2 escadrons.}\end{array}\right.$

Gros. — 1° 41ᵉ brigade . . . .
$\left\{\begin{array}{l}\text{1 escadron.}\\\text{1 bataillon.}\\\text{1ʳᵉ batterie légère.}\\\text{2ᵉ batterie lourde.}\\\text{6 bataillons.}\end{array}\right.$

—   2° Artillerie de corps . . . . . | 6 batteries.

—   3° 22ᵉ division . . . .
$\left\{\begin{array}{l}\text{12 bataillons.}\\\text{4 escadrons.}\\\text{4 batteries.}\end{array}\right.$

IIᵉ CORPS D'ARMÉE.

Avant-garde. — 4ᵉ division . . . . . .
$\left\{\begin{array}{l}\text{1 escadron.}\\\text{1 bataillon de chas-}\\\text{seurs.}\\\text{6ᵉ batterie de 6.}\\\text{1 bataillon.}\\\text{1 escadron.}\end{array}\right.$

Gros. — 1° 8ᵉ brigade.
      2° 1ʳᵉ batterie de 4.
        5ᵉ batterie de 6.
      3° 7ᵉ brigade.
      4° 3ᵉ division (13 bataillons, 4 escadrons, 3 batteries).
      5° Artillerie de réserve (7 batteries).
      6° Brigade de uhlans (8 escadrons, 1 batterie).

ÉTAT DES PERTES

de l'artillerie allemande pendant le combat de Wissembourg.

DÉSIGNATION des TROUPES.	OFFICIERS.		TROUPES.		CHEVAUX.	
	Blessés.	Tués.	Blessés.	Tués.	Blessés.	Tués.
Artillerie du V corps.*						
1re batterie légère. . .	1	»	7	»	5	3
2e — légère. . .	»	»	3	»	1	2
3e — lourde. . .	»	»	»	»	4	»
Totaux. .	1	»	10	»	10	5
Artillerie du XI corps.*						
État-major	1	»	»	»	1	»
2e batterie lourde . . .	1	»	2	»	5	»
1re — à cheval . .	»	»	»	»	»	1
3e — — . . .	»	»	»	»	»	3
Totaux. .	2	»	2	»	6	4
Artillerie du II corps bavarois.*						
5e batterie de 6	»	»	»	»	1	»
6e — —	1	»	5	1	11	2
2e — de 4	»	»	3	»	6	2
Totaux. .	1	»	8	1	18	4

Dégradations du matériel par le feu de l'ennemi.

Plusieurs parois de coffres et plusieurs couvre-obus furent traversés par les projectiles de l'infanterie. — Dans la 6e batterie de 6, deux roues eurent quelques ais brisés.

Consommation des munitions.

DÉSIGNATION des TROUPES.	OBUS ordinaires.	BOITES à mitraille.	OBUS incendiaires	TOTAL.
V^e corps prussien.				
1re batterie lourde. . . .	34	»	»	34
2e — —	49	»	»	49
1re — légère. . . .	200	»	»	200
2e — —	149	»	»	149
3e — lourde. . . .	200 (environ)	»	»	200 (environ)
4e — —	44	»	»	44
3e — légère. . . .	14	»	»	14
TOTAUX. .	690	»	»	690
XIe corps prussien.				
2e batterie lourde. . . .	129	»	»	129
1re — légère	121	»	»	121
1re — à cheval. . .	15	»	»	15
3e — — . . .	28	»	»	28
TOTAUX. .	293	»	»	293
IIe corps bavarois.				
5e batterie de 6	66	»	»	66
6e — —	197	19	13	229
1re — de 4	93	»	»	93
2e — —	126	»	»	126
TOTAUX. .	482	19	13	514

II. — BATAILLE DE WŒRTH.

(6 AOUT 1870.)

D'après l'ouvrage : *Die deutsche Artillerie in den Schlachten und Treffen des deutsch-französischen Krieges 1870-1871. — Die Schlacht bei Wœrth, am 6. August 1870*, von LEO, Hauptmann à l. s. des Schleswig'schen Feld-Artillerie-Regiments Nr. 9., Lehrer an der vereinigten Artillerie- und Ingenieur-Schule.— Berlin, 1876, Ernst Siegfried Mittler und Sohn ([1]).

Situation générale. — La 3ᵉ armée allemande, sous les ordres du Prince Royal Frédéric-Guillaume de Prusse, se trouvait, le soir du 5 août, entre la Lauter et la Sauer, et occupait les positions suivantes (fig. 1) :

Le II*ᵉ corps bavarois* (général de Hartmann) à Lembach ;

Le V*ᵉ corps prussien* (général de Kirchbach) à Preuschdorf ;

Le XI*ᶜ corps prussien* (général de Bose) à Hœlschloch ;

Le *corps d'armée du général de Werder*, composé d'une division wurtembergeoise et d'une division badoise, à Aschbach ;

La 4ᵉ *division de cavalerie* (général prince Albert de Prusse) à Reimersviller ;

Le Iᵉʳ *corps bavarois* (général de Tann) à Lobsann.

Elle avait devant elle trois corps d'armée français réunis sous le commandement du maréchal de Mac-Mahon :

Le 5ᵉ (général de Failly) qui se concentrait à Bitche ;

([1]) Cet ouvrage, comprenant 152 pages de texte et 2 cartes, fait partie d'une publication rédigée, par ordre supérieur, d'après le compte rendu de l'état-major général, les rapports et journaux de marche officiels de l'artillerie allemande, et devant comprendre le récit des opérations de cette artillerie dans les différentes batailles de la campagne de 1870-1871.

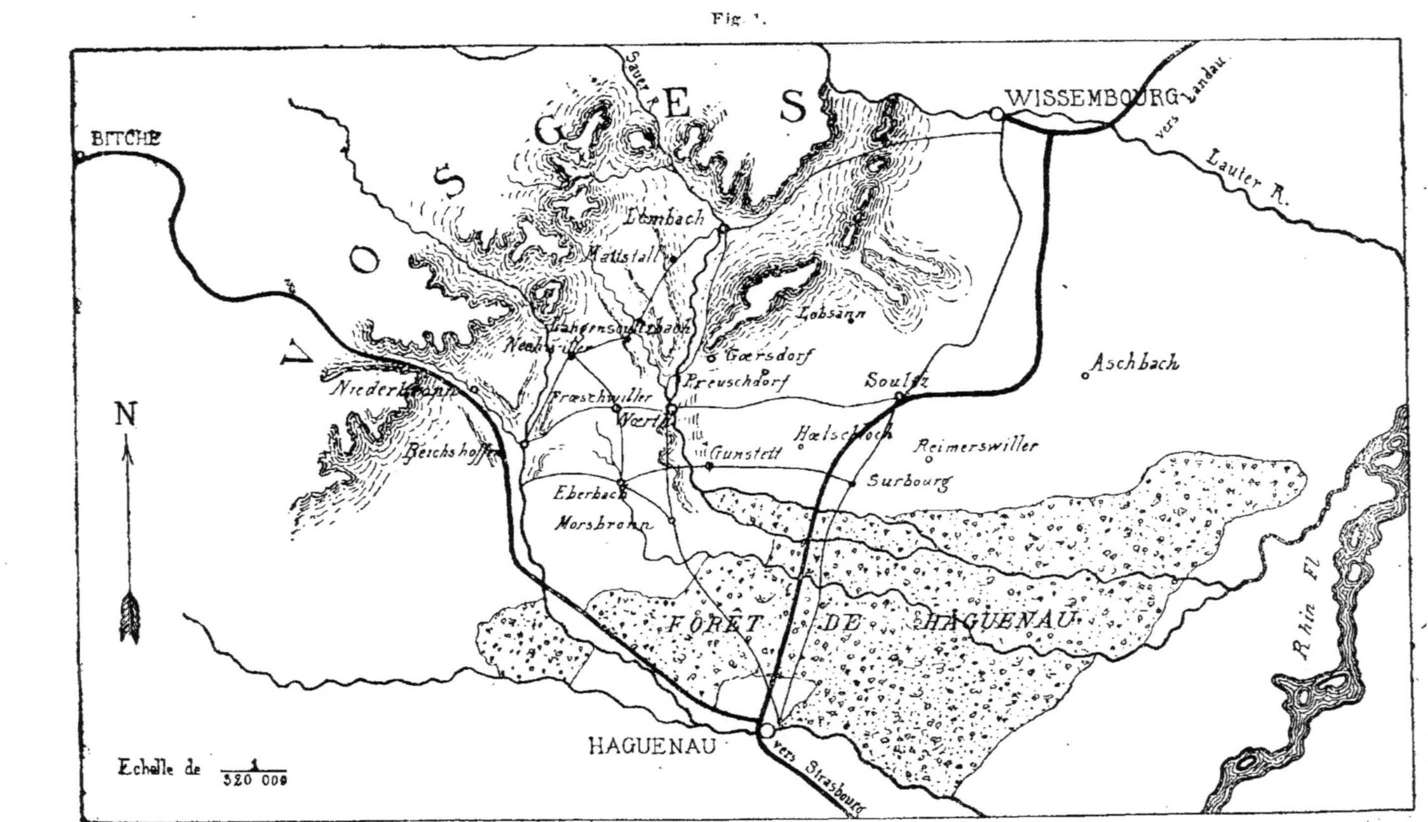

Fig. 1.
VOSGES
BITCHE
WISSEMBOURG
vers Landau
Lauter R.
Sauer R.
Lembach
Mattstall
Lobsann
Aschbach
Lahgersaultbach
Gœrsdorf
Neahwiller
Preuschdorf
Soultz
Niederbronn
Frœschwiller
Wœrth
Hœlschloch
Reimerswiller
Reichshoffen
Gunstett
Surbourg
Eberbach
Morsbronn
FORÊT DE HAGUENAU
Rhin Fl.
HAGUENAU
vers Strasbourg
N
Echelle de 1/320 000

le 1er (maréchal de Mac-Mahon) à Frœschviller, le 7e (général Félix Douay) qui se formait dans la haute Alsace.

Il importait à l'armée allemande de forcer le passage de la Sauer pour déboucher de l'étroit défilé qui s'étend entre le pied des Vosges et la forêt de Haguenau, et pour occuper la voie ferrée de Bitche à Strasbourg qui, seule, permettait à l'armée française de rassembler ses forces encore disséminées. De son côté, le maréchal de Mac-Mahon avait en vue de couvrir cette ligne en se maintenant sur la rive O. de la Sauer, jusqu'à l'arrivée du 7e corps, et de prendre ensuite l'offensive vers l'aile gauche de l'ennemi.

Description du terrain. — Le terrain sur lequel allait être livrée la bataille de Wœrth était, en général, favorable au rôle défensif de l'armée française (fig. 2).

Au N., le ravin du Sultzbæchel, avec ses pentes raides et boisées, et, au S., la vallée de la Sauer constituent un obstacle d'une grande importance, infranchissable à l'artillerie partout ailleurs que sur les routes.

Les hauteurs de Wœrth et d'Elsashausen dominent celles de la rive gauche; les bois étendus qui les couvrent et les nombreux plis de terrain qui sillonnent leurs pentes offrent aux troupes d'excellents abris, tandis qu'au contraire, à l'O. de la Sauer, le sol est presque partout découvert.

Les troupes disponibles de l'armée française étaient développées de Neehviller à Eberbach (fig. 1 et 2). Dans cette position, il était facile à l'infanterie d'occuper avec avantage la lisière des bois où l'on ne pouvait l'aborder qu'en traversant sous son feu et sans abri le ruisseau et les prairies qu'il arrose; en outre, des emplacements favorables s'offraient à l'artillerie de la défense sur les hauteurs, hors de la portée des balles. Les batteries de l'attaque, au contraire, étaient obligées de s'avancer sur le champ de bataille à découvert et en s'exposant au tir de l'infanterie. Mais elles pouvaient se développer, de Gœrsdorf à Gunstett (fig. 1 et 2), sur une vaste étendue de terrain qui permettait de mettre en ligne un très-grand nombre de bouches à feu, et de faire converger leur tir.

Fig. 2. $\left(\frac{1}{50,000}\right)$

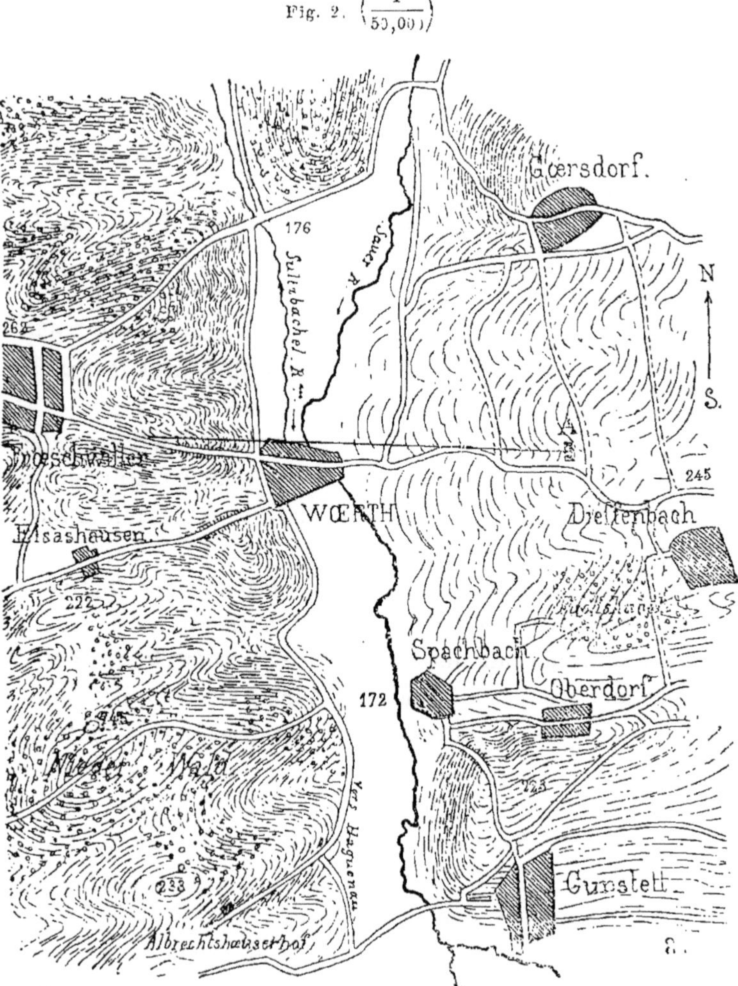

Reconnaisance sur le front du V⁰ corps prussien.

A, 6⁰ batterie légère du V⁰ corps.

Le plateau de Gunstett surtout offrait des positions particulièrement avantageuses pour l'établissement de 50 à

60 pièces destinées à écraser le flanc droit de l'armée française et à soutenir avec une grande efficacité un mouvement tournant. Cette artillerie pouvait d'ailleurs, en cas de succès, se porter facilement en avant, traverser la Sauer et se déployer de nouveau sur les hauteurs de la rive droite, au S. de Frœschwiller, pour menacer la ligne de retraite de l'ennemi.

Combats d'avant-garde. — Le matin du 6 août, au point du jour, les Allemands firent dans la direction de Wœrth une reconnaissance offensive soutenue par la 6ᵉ batterie légère (A, fig. 2). Celle-ci prit position près de la route de Dieffenbach à Wœrth et commença à tirer sur ce dernier village, à 1 500 mètres; bientôt masquée par l'infanterie qui s'avançait, elle dirigea son feu contre plusieurs batteries françaises qui parurent sur la rive droite. Une de celles-ci réussit à régler rapidement son tir et soutint la lutte pendant assez longtemps, mais la plupart de ses obus n'éclatèrent pas.

Après avoir constaté la présence de forces considérables que l'ennemi déploya à l'O. de Wœrth, les troupes allemandes se retirèrent à 8 heures et demie sur Dieffenbach.

Pendant que l'on exécutait cette reconnaissance sur le front du Vᵉ corps prussien, le général de Hartmann, pour se conformer à des ordres venus du grand quartier général, faisait avancer le IIᵉ corps bavarois vers Mattstall. En entendant la canonnade autour de Wœrth, il lança la 4ᵉ division avec 7 batteries, dont 3 de l'artillerie de corps, dans la direction de Frœschwiller. Mais, au moment où les troupes allemandes débouchaient de Langensoultzbach, elles furent accueillies par un feu très-vif d'artillerie et de mousqueterie partant des hauteurs de Frœschwiller et des bois. La 1ʳᵉ batterie de 4 bavaroise, qui avait suivi sur la rive droite l'avant-garde de la division jusqu'au pied des pentes, fut obligée de se retirer, sans avoir tiré un seul coup de canon, sur l'autre versant, après s'être inutilement exposée au tir de l'infanterie. La 5ᵉ batterie de 6, établie sur le plateau au N.-E. de Langensoultzbach (A, fig. 3) pour contre-battre, à 3 400 mètres, l'artillerie de Frœschwiller, dut s'a-

Fig. 3. $\left(\frac{1}{50,000}\right)$

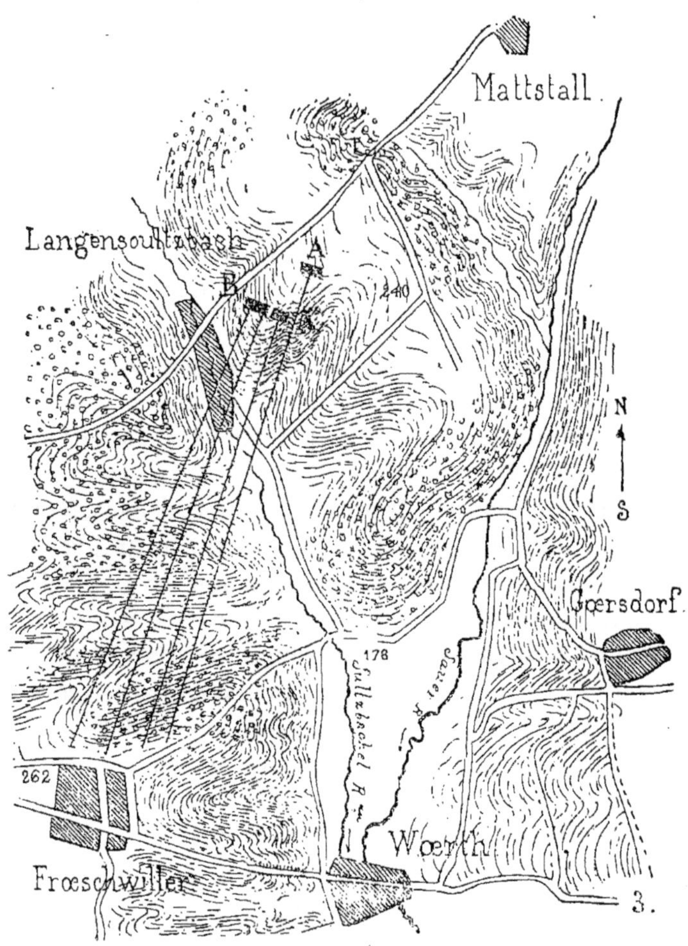

Marche du IIᵉ corps bavarois

A, A′, 5ᵉ batterie de 6.
B, 1ʳᵉ batterie à cheval et 5ᵉ batterie de 4.

vancer d'abord de 300 mètres, parce qu'en raison de la distance son tir ne produisait pas d'effet, puis de 150 mètres (A′, fig. 3), pour découvrir une batterie de mitrailleuses française qui venait d'entrer en ligne ; cette dernière ayant changé de place, la batterie bavaroise recommençait à tirer sur Frœschwiller, à 3 000 mètres, lorsqu'elle reçut l'ordre de cesser son feu que l'éloignement du but rendait inefficace. La 1ʳᵉ batterie à cheval et la 5ᵉ de 4 (B, fig. 3), qui avaient pris position près de la 5ᵉ de 6 (A′) n'eurent pas plus de succès contre l'artillerie française ; la nature du terrain et les nombreux couverts qu'il présentait empêchèrent d'ailleurs les batteries bavaroises de tirer sur l'infanterie ennemie.

Celle-ci résistait énergiquement, à la lisière des bois, sur les hauteurs, et les assaillants avaient été obligés de faire donner une partie de leurs réserves, lorsque le général de Hartmann reçut, à 10 heures 1/2, l'ordre de cesser le combat. Bien que ses troupes fussent pour la plupart fortement engagées, elles purent se retirer peu à peu sans désordre sous la protection des 3ᵉ, 5ᵉ et 4ᵉ batteries de 6 qui restèrent en position, au N.-E. de Langensoultzbach, jusqu'à 2 heures 1/2 (A, B, C, fig. 4).

Cependant, au bruit du combat livré par les Bavarois, le général de Kirchbach avait fait prendre les armes au Vᵉ corps prussien pour attirer sur lui une partie des forces françaises et les empêcher de se réunir contre l'aile droite de l'armée allemande. La 6ᵉ batterie légère s'avança de nouveau un peu au delà de sa première position, et tira à 2 200 mètres sur les hauteurs boisées de Frœschwiller, au-dessus desquelles on voyait s'élever la fumée. Une batterie française vint aussitôt s'établir en arrière de Wœrth pour la contre-battre et parvint à régler rapidement son tir ; mais la plupart de ses projectiles n'éclatèrent pas ou s'enfoncèrent dans le sol détrempé sans produire beaucoup d'effet. A 9 heures 1/2, toute l'artillerie du Vᵉ corps (artillerie divisionnaire et artillerie de corps) fut déployée rapidement à droite et à gauche de la route de Wœrth, et forma une ligne de 14 batteries réunies sous un commandement unique (B, C, D, E, F, fig. 5). L'effet

produit par le tir de ces 84 pièces fut d'attirer sur le
V⁰ corps le feu d'une partie de l'artillerie française. On
vit bientôt paraître sur le versant opposé un certain nom-

Fig. 4. $\left(\frac{1}{50,000}\right)$

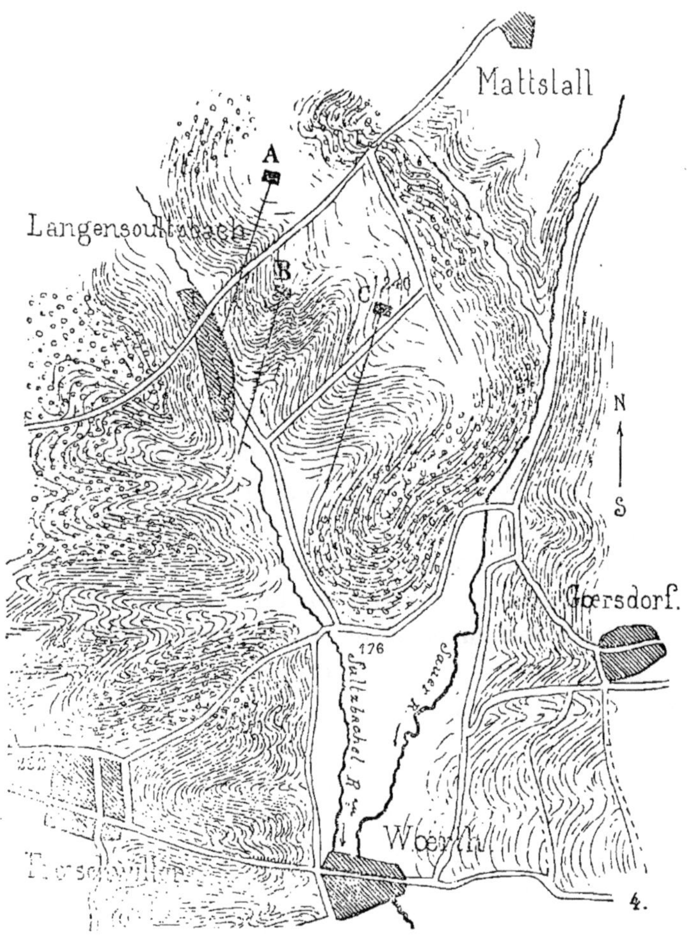

Retraite du IIᵉ corps bavarois.

A, 3ᵉ batterie de 6.
B, 5ᵉ batterie de 6.
C, 4ᵉ batterie de 6.

bre de batteries dont quelques-unes de mitrailleuses;
mais, après une lutte d'une heure environ à de grandes

distances (1 800 à 2 600 mètres), plusieurs d'entre elles se retirèrent; les autres, qui avaient été très-bien placées, restèrent à l'aile N. et continuèrent le combat. L'artillerie allemande dirigea néanmoins son feu sur de profondes colonnes françaises qu'on apercevait près de Frœschwiller et d'Elsashausen et les obligea à s'abriter dans les bois et les plis de terrain. Pour profiter du résultat obtenu et soutenir une attaque que le XIe corps prussien dessinait à ce moment sur la gauche, le général de Kirchbach se décida à s'avancer vers Frœschwiller. L'infanterie allemande traversa la Sauer, mais elle ne put prendre pied sur le versant de la rive droite malgré le secours de l'artillerie du Ve corps qui continuait à tirer par-dessus les troupes engagées dans la vallée; le feu était dirigé en partie sur les colonnes ennemies qui sortaient de Frœschwiller et d'Elsashausen, en partie sur les batteries françaises qui soutenaient encore la lutte avec succès au N. de la ligne de bataille. A midi et demi, les Allemands n'avaient pas réussi à déboucher de Wœrth ni à dépasser la route de Haguenau.

Cependant, à l'aile gauche, l'avant-garde du XIe corps prussien s'était avancée jusqu'à Gunstett et à la Sauer et avait été accueillie par un feu très-vif. Quatre batteries françaises, dont une de mitrailleuses, étaient en position sur les hauteurs d'Albrechtshæuserhof, 2 autres sur les pentes qui descendent d'Elsashausen dans la vallée. Les 1re et 2e légères, 1re et 2e lourdes (artillerie de la 21e division), montèrent sur le mamelon au N. de Gunstett (I, H, fig. 5) pour les contre-battre à des distances de 1 400 et de 2 200 mètres. Profitant de la diversion opérée par le Ve corps, qui entrait en ce moment en ligne et attirait sur lui une partie des feux de l'ennemi, elles eurent d'abord l'avantage et purent diriger leur tir sur l'infanterie. Malgré leur appui, les têtes de colonnes prussiennes, après avoir traversé la Sauer, s'efforcèrent vainement d'aborder les hauteurs énergiquement défendues et furent rejetées sur le ruisseau. L'artillerie française n'avait pas, d'ailleurs, renoncé à la lutte, et, reprenant position, elle obligea les 4 batteries du XIᵉ corps à les contre-battre de nouveau ; l'action se transforma dès lors en un combat prolongé d'artillerie.

Ainsi les trois corps d'armée placés en première ligne avaient lancé leurs avant-gardes sur les positions françaises, mais s'étaient heurtés partout à des forces supérieures. A Langensoultzbach, la nature du terrain avait empêché l'artillerie de suivre d'assez près les autres troupes, et ces dernières avaient été aussitôt obligées de s'arrêter. A Wœrth, après une tentative infructueuse contre les hauteurs, on avait réussi seulement à se maintenir sur la rive droite de la Sauer, grâce au puissant effet des 84 bouches à feu mises en ligne sur cette partie du champ de bataille. Enfin à Gunstett les troupes allemandes étaient repoussées et se défendaient sur la rive gauche, sous la protection d'une partie des batteries du XIᵉ corps prussien.

A ce moment, le général de Kirchbach reçut du Prince Royal l'ordre d'éviter tout combat afin d'attendre l'arrivée des corps d'armée de 2ᵉ ligne. Mais il était difficile de rappeler les troupes déjà engagées : leur retraite aurait produit un fâcheux effet moral ; d'autre part, il était probable que les Français recevraient des renforts dans la journée et que, si l'on attendait au lendemain pour livrer la bataille, les chances de succès seraient notablement diminuées. Ces considérations décidèrent le général commandant le Vᵉ corps à tenter une nouvelle attaque vers 11 heures 1/2 ; il en informa le commandant en chef ainsi que les généraux de Hartmann et de Bose. Ces derniers donnèrent aussitôt des ordres pour reprendre et pousser plus activement la lutte.

Attaque générale. — Les troupes du IIᵉ corps bavarois encore en état de combattre s'avancèrent de nouveau par Langensoultzbach sur la rive droite du Sultzbæchel. Un détachement accompagné de la 3e batterie de 6 fut lancé vers Neehwiller au travers du bois, mais il ne put en déboucher ; la batterie, obligée de s'arrêter en colonne dans le bois même, se trouva exposée aux balles, et, menacée à droite par l'infanterie ennemie, elle fit demi-tour avec difficulté et dut se retirer sur le versant E. du ravin de Langensoultzbach. A l'aile gauche, toute l'artillerie du XIe corps prussien reçut l'ordre d'entrer en ligne avec la plus grande partie des troupes de ce corps.

Vers midi, le général de Tann s'avança, au bruit du canon, de Lobsann vers Gœrsdorf ; trois de ses batteries, qui marchaient avec l'avant-garde, prirent position à droite de l'artillerie du Ve corps (A, C, fig. 5) et ouvrirent le feu sur les hauteurs de Frœschwiller à 1 500 et 1 600 mètres. Le nombre des bouches à feu au centre de l'armée allemande fut ainsi porté de 84 à 102. Enfin, à une heure, le Prince Royal arriva sur le champ de bataille, et, trouvant l'action déjà fortement engagée, donna l'ordre de continuer la lutte avec toutes les forces disponibles. Il prescrivit au général de Hartmann de marcher contre le flanc gauche de l'ennemi dans la direction de Reichshoffen, au général de Tann de s'avancer aussi rapidement que possible entre le IIe corps bavarois et le Ve corps prussien, et au général de Bose d'exécuter une attaque énergique sur Frœschwiller par l'Albrechtshæuserhof et le Niederwald. La division wurtembergeoise du général de Werder devait suivre le XIe corps prussien ; la division badoise restait provisoirement à Surbourg. Le général de Kirchbach était en même temps prévenu qu'il ne pouvait pas compter avant une heure ou deux sur l'appui des corps voisins, de l'autre côté de la Sauer, et que, par conséquent, il devait différer l'assaut des hauteurs de Frœschwiller. D'après ces dispositions, la 3e armée allemande allait diriger contre la position française une attaque enveloppante en jetant sur chacune de ses ailes 30 000 à 40 000 hommes, tandis qu'elle lui opposait au centre le Ve corps prussien soutenu par une puissante batterie de 102 bouches à feu.

Le Ve corps s'empare des hauteurs au-dessus de Wœrth. — Pour être en mesure de se maintenir sans trop de pertes sur la rive droite, le général de Kirchbach donna l'ordre d'attaquer les hauteurs qui dominent immédiatement le village de Wœrth ; ses troupes se heurtèrent à des forces considérables qui tentaient un retour offensif. L'infanterie du Ve corps presque toute engagée ne put, en attendant le secours des autres corps, gravir les pentes et occuper leur crête qu'au prix de sacrifices considérables et grâce à l'appui de toutes les batteries alors en ligne de Gœrsdorf à Gunstett. Suivant les phases de la lutte et saisissant toutes les occasions favorables, celles-ci tirèrent tantôt sur les colonnes ennemies qui revenaient continuellement à la charge, tantôt sur l'artillerie quand on l'apercevait, tantôt sur les positions que l'on supposait fortement occupées.

Les 5e et 7e batteries de 6 (A, fig. 5) et la 3e batterie de 4 (C, fig. 5) du Ier corps bavarois prirent comme objectifs les hauteurs boisées situées en avant et au N. de Frœschwiller et l'artillerie qui s'y défendait encore, les 3e et 4e lourdes du Ve corps (B), Frœschwiller et ses environs. Les 3e et 2e batteries à cheval (C), après avoir dirigé sur Elsashausen, à 2 600 mètres, un feu que la grande distance rendit inefficace, engagèrent un combat violent avec les batteries françaises qui s'étaient placées entre Elsashausen et Frœschwiller et en avant de ce dernier village. La distance était de 1 800 à 2 000 mètres ; l'artillerie ennemie avait choisi des positions très-favorables où elle était à peine visible, et avait très-bien réglé son tir ; mais elle employa d'abord des shrapnels à fusée fusante, qui firent explosion en l'air à une grande hauteur sans produire d'effet, puis des obus ordinaires dont la plupart s'enfoncèrent dans le sol détrempé sans éclater. Les pertes des batteries allemandes furent néanmoins assez considé-

Fig. 5. $\left(\frac{1}{50,000}\right)$

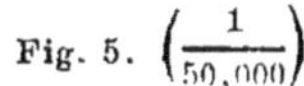

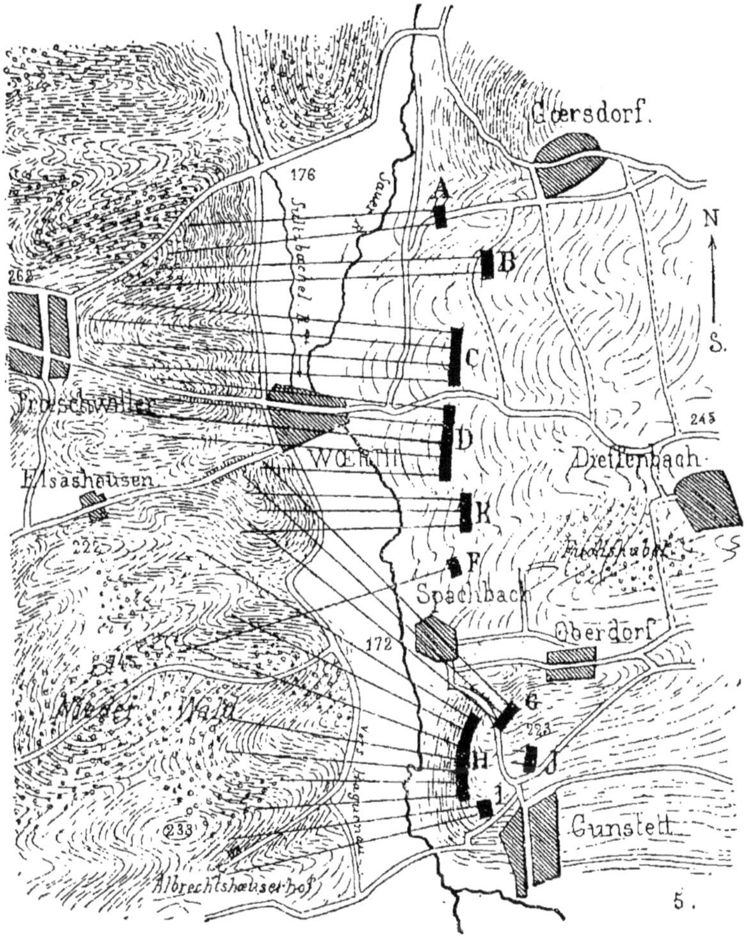

Au moment du développement du V corps et de l'entrée en ligne du XIe corps.

A, 5e et 7e batteries de 6 du Ier corps.

B, 3e et 4e batteries lourdes du Ve corps.

C, 3e batterie de 4 du 1er corps. / 3e et 2e batteries à cheval et 6e légère . . . . |

D, 3e, 4e et 5e batteries légères, 6e et 5 lourdes . . . . . . | du Ve corps.

E, 1re batterie lourde, 1re batterie légère et 2e batterie lourde |

F, 2e batterie légère . . . . |

G, 3e et 4e batteries légères et 3 batterie lourde . . . . |

H, 6e et 5e batteries légères, 2e lourde, 1re à cheval, 2 légère / 3 à cheval et 1re légère . . . . | du XIe corps.

I, 4e et 1re batteries lourdes . . . . |

J, 5e et 6e batteries lourdes (en réserve) . . . . |

rables sur cette partie du champ de bataille ; quelques-
unes furent obligées de faire venir des renforts en chevaux
et des munitions. Plus au S., les 6ᵉ (C), 3ᵉ, 4ᵉ et 5ᵉ légères,
les 6ᵉ et 5ᵉ lourdes (D) du Vᵉ corps tirèrent successivement
sur l'artillerie de l'ennemi à 1 500 et 2 800 mètres, sur
les réserves à 2 900 mètres, puis sur Frœschwiller et
Elsashausen ; à deux reprises différentes, ces batteries
durent diriger leur feu contre l'infanterie française qui,
dans ses retours offensifs, réussit à s'approcher à 1 500
mètres des pièces. Les 1ʳᵉ lourde, 1ʳᵉ légère et 2ᵉ lourde
(E) soutinrent une lutte prolongée contre les batteries
placées à l'aile S. de la ligne d'artillerie ennemie ; celles-
ci résistèrent pendant deux heures, grâce à l'étendue
des portées qui étaient de 2 200 et 3 000 mètres, et aux dispositions qu'elles avaient prises pour dissimuler leurs pièces
en profitant de la nature du terrain : on ne pouvait aperce-
voir en effet que la lueur et la fumée des coups de canon ;
la consommation des munitions fut telle qu'il fallut avoir
recours au deuxième échelon des batteries. Enfin, la 2ᵉ
légère du Vᵉ corps (F), après avoir tiré sur le Niederwald
à 1 500 mètres pour appuyer le mouvement de l'infanterie, dirigea son feu, lorsque ce bois fut pris, sur le village d'Elsashausen ; elle perdit, par suite du feu de mousqueterie auquel elle fut exposée, 6 hommes et 9 chevaux
et dut, comme les batteries voisines, se réapprovisionner
en munitions à son deuxième échelon.

Cependant les troupes du Vᵉ corps s'étaient avancées
sur la rive droite de la Sauer, et il était devenu nécessaire
de les faire suivre par l'artillerie pour que celle-ci pût
continuer à les soutenir avec efficacité. Le mouvement
des batteries commença vers deux heures. La 4ᵉ légère,
les 3ᵉ et 4ᵉ lourdes se dirigèrent vers Wœrth afin d'y passer le ruisseau ; mais les rues et les ponts étaient encombrés et l'ennemi, dans ses retours offensifs, parvenait
encore à s'approcher à quelques centaines de pas de la
lisière O. du village : il fallut attendre longtemps avant de

pouvoir s'y engager, et les batteries, obligées de s'arrêter
à portée de fusil de l'infanterie française, subirent des

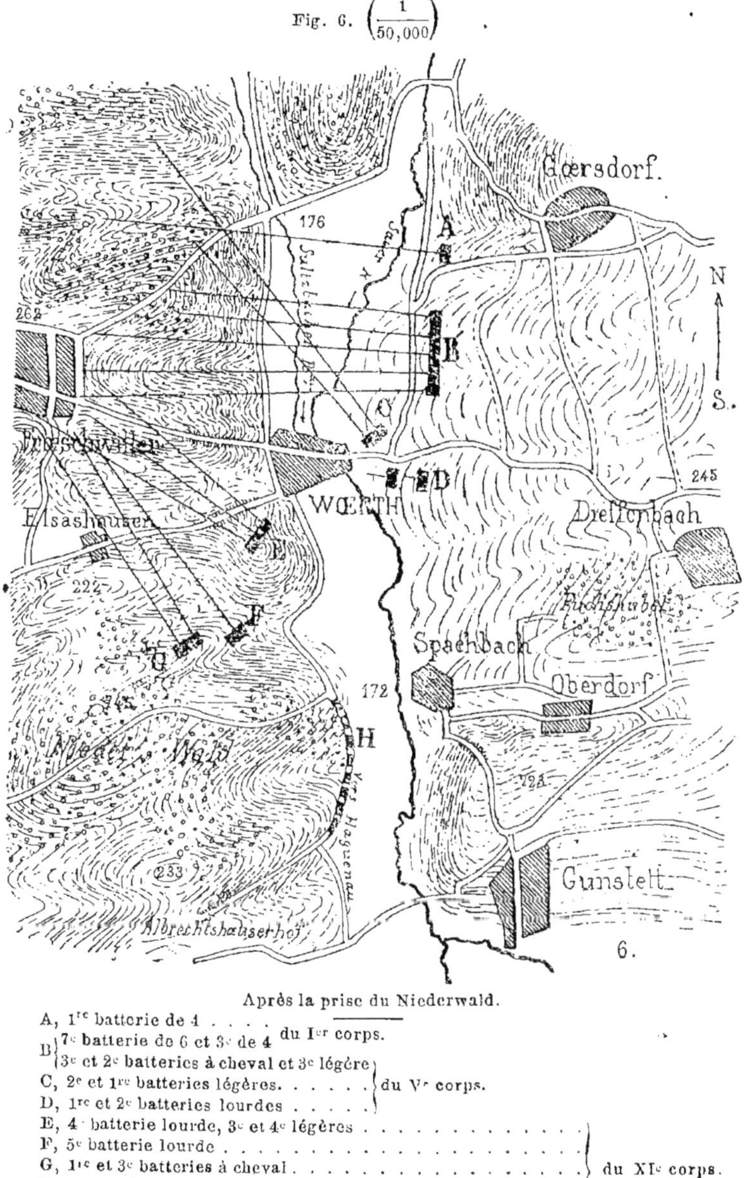

Après la prise du Niederwald.

A, 1re batterie de 4 . . . . .
B, 7e batterie de 6 et 3e de 4 } du Ier corps.
3e et 2e batteries à cheval et 3e légère
C, 2e et 1re batteries légères. . . . . . } du Ve corps.
D, 1re et 2e batteries lourdes . . . . .)
E, 4e batterie lourde, 3e et 4e légères . . . .
F, 5e batterie lourde . . . .
G, 1re et 3e batteries à cheval . . . . } du XIe corps.
H, 5e et 6e batteries légères, 1re lourde, 2e légère et 2 lourde (en
    colonne) . . . .

pertes sensibles. Lorsqu'enfin le passage fut libre, elles traversèrent le village et gravirent les hauteurs où elles prirent position. Le reste de l'artillerie se porta aussi en avant, partie pour se mettre de nouveau en batterie le long de la route de Gœrsdorf à Wœrth (A, B, C, D, fig. 6), partie pour franchir la Sauer.

Le XI⁰ corps prussien attaque l'aile droite de l'armée française. — Pendant que le V⁰ corps combattait au centre, le XI⁰ attaquait l'aile droite française. Après avoir surmonté les plus grandes difficultés provenant du mauvais état des chemins et de la raideur des pentes, toute son artillerie (artillerie divisionnaire et artillerie de corps) était parvenue, à midi et demi sur le plateau situé au N.-O. de Gunstett (G, H, I, fig. 5). Le général Hausmann, qui la commandait, prenant lui-même la direction du mouvement, répartit entre les différentes batteries l'espace restreint dont on disposait et désigna à chacune d'elles l'objectif qu'elle devait battre afin de les faire concourir à un puissant effet d'ensemble. Il réussit à faire entrer en ligne 72 bouches à feu et ne laissa en réserve, faute de place, que les 5⁰ et 6⁰ lourdes (J, fig. 5). Les batteries de droite tirèrent à 2 000 mètres sur Elsashausen et sur les troupes engagées contre le V⁰ corps ; celles de gauche, à 1 000 et 1 500 mètres sur l'Albrechtshæuserhof, qu'elles incendièrent, et sur la lisière du Niederwald. Ces positions devinrent bientôt intenables : les Français, après y avoir résisté avec la plus grande énergie, furent obligés de les abandonner en se retirant vers Elsashausen. Aussitôt, sur l'ordre du général Hausmann, commandant l'artillerie du XI⁰ corps, celle-ci, à l'exception des 1ʳᵉ légère, 3⁰ et 6⁰ lourdes qui restèrent au N. de Gunstett en attendant que la possession du Niederwald fût décidément assurée, descendit dans la vallée et traversa la Sauer pour s'établir de l'autre côté sur les hauteurs.

Mais l'état du sol détrempé par la pluie rendait très-difficile le mouvement des batteries sur les pentes raides

du versant O. D'autre part, l'ennemi se défendait encore
avec acharnement entre Elsashausen et le Niederwald
d'où les Allemands n'avaient pas encore débouché ; ce ne
fut qu'au prix des plus grands efforts et en s'exposant aux
feux de mousqueterie, qu'un petit nombre de batteries
isolées réussirent à se mettre en position les unes après
les autres ; il fut impossible, dans de telles circonstances,
de rétablir les groupes constitués qu'il avait déjà été nécessaire de diviser sur le plateau de Gunstett. Les 1re et
3e à cheval (G, fig. 6), puis la 5e lourde (F, fig. 6) se pla-
cèrent à mi-côte pour ouvrir le feu, les premières à 700
mètres, la dernière à 900 mètres, sur Elsashausen ; les
4e et 3e légères et la 4e lourde montèrent sur les hauteurs
de Wœrth où elles se mirent en batterie à 900 mètres
du même village (E, fig. 6). Les 5e, 6e et 2e légères, 1re et
2e lourdes durent rester en colonne sur la route de Wœrth
à Haguenau (H, fig. 6). Sous la protection du feu de l'artillerie, l'infanterie du XIe corps déboucha du Niederwald,
s'avança en refoulant l'ennemi et réussit à s'emparer
d'Elsashausen ; les batteries s'efforcèrent de suivre le
mouvement avec toute la rapidité qu'il fut possible d'obte-
nir dans un terrain difficile en utilisant jusqu'à leur
extrême limite les forces des chevaux. Les 1re et 3e à cheval se mirent de nouveau en position près et à hauteur
d'Elsashausen (A, B, fig. 7), d'où elles tirèrent à 800
mètres sur les troupes massées dans Frœschwiller et aux
environs ; la 5e lourde, qui voulut les suivre, resta em-
bourbée dans un pli de terrain en arrière ; elle ne put
faire entrer en ligne que deux pièces (B, fig. 7) en sur-
montant les plus grandes difficultés et en employant jusqu'à 10 chevaux pour une seule bouche à feu.

Mais les Français trouvaient dans le ravin situé au N. de
Frœschwiller un abri pour se reformer ; d'autre part, les
Allemands avaient été mis en désordre par leurs attaques
successives sur le Niederwald et sur Elsashausen ; le
maréchal de Mac-Mahon profita de ces circonstances pour

tenter de reprendre ce dernier village dont la perte pouvait compromettre sa retraite. La position du XIe corps

Fig. 7. $\left(\frac{1}{50,000}\right)$

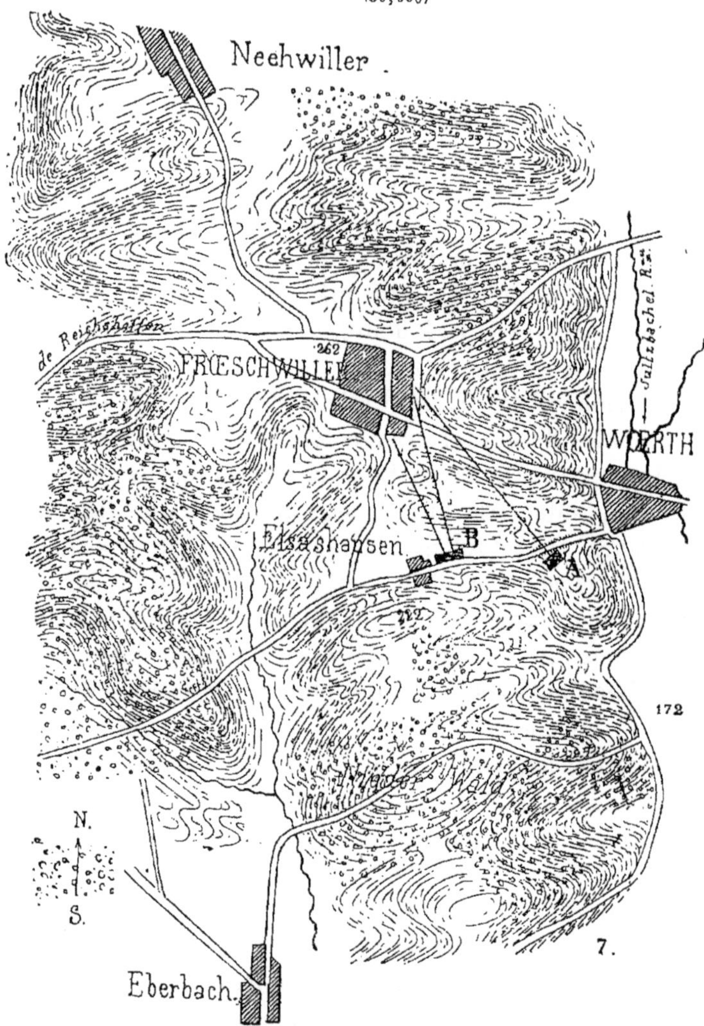

Après la prise d'Elsashausen.

A, 1re batterie à cheval . . . .
B, Section de la 5e batterie lourde et 3e batterie à cheval ⎱ du Ve corps.

devint alors pendant un instant extrêmement critique. Son infanterie, qui s'avançait vers Frœschwiller, fut rejetée en arrière et un mouvement de retraite se produisit sur toute la ligne. A ce moment, le général Haus-

Fig. 8. $\left(\dfrac{1}{50,000}\right)$

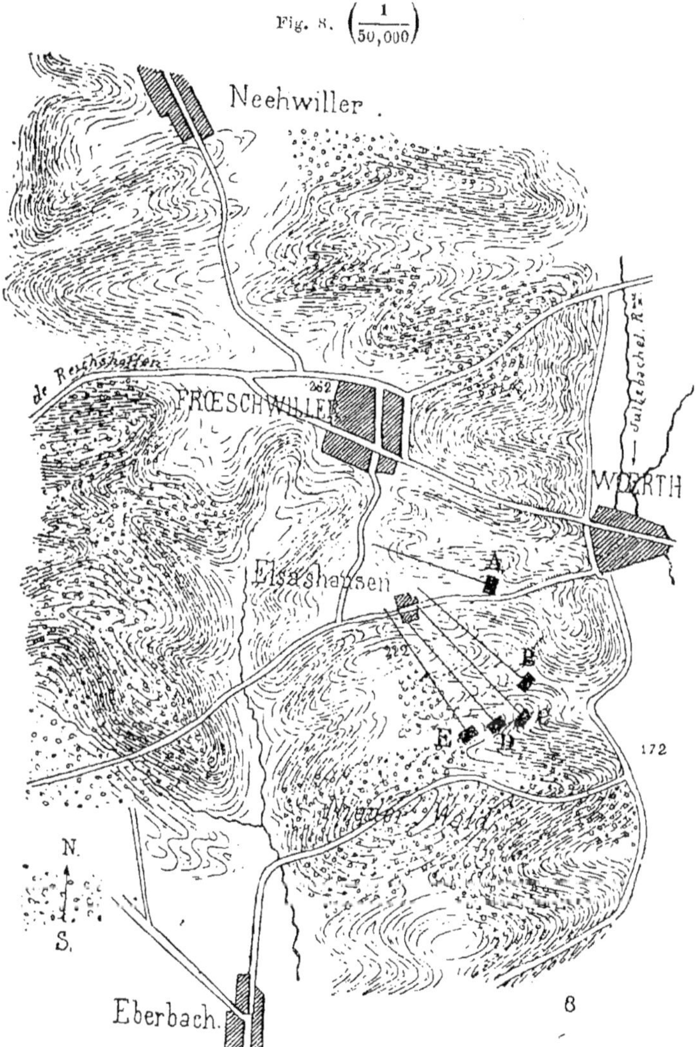

Pendant le retour offensif des Français sur Elsashausen.

A, 1ʳᵉ batterie à cheval . . . .
B, 2 sections de la 5ᵉ batterie lourde
C, 6ᵉ batterie légère. . . . . } du XIᵉ corps.
D, 5ᵉ batterie légère. . . . .
E, 3ᵉ batterie à cheval. . . . . . .

mann arriva sur le théâtre du combat : par son ordre, la
3e batterie à cheval, qui avait été obligée d'amener les
avant-trains et de reculer, s'arrêta à une faible distance
dans un pli de terrain situé au S. (E, fig. 8) ; les 5e et 6e
légères, s'avançant en toute hâte, s'établirent à côté d'elle
(D, C, fig. 8) et ouvrirent le feu à mitraille sur les colonnes
françaises qui commençaient à se montrer sur la hauteur
d'Elsashausen. La 1re à cheval, attaquée à l'E. de ce village pendant qu'elle se retirait et pressée par l'infanterie
ennemie, dut se remettre aussitôt en position pour se dé-
fendre à 800 mètres en employant la mitraille.

Grâce à ces dispositions et à la fermeté des batteries,
l'ennemi fut arrêté : l'infanterie put se reformer pour reprendre l'offensive et le reste de l'artillerie eut le temps
de parvenir sur le champ de bataille. Sous la direction du
général commandant l'artillerie, les 1re et 3e à cheval, 2e,
5e et 6e légères, 1re, 2e, 4e et 5e lourdes exécutèrent les
plus grands efforts pour monter sur la hauteur d'Elsashausen : il fallut dételer une partie des voitures pour four-
nir aux autres des attelages de renfort et ne faire arriver
les pièces que successivement en ligne ; plusieurs caissons
restèrent momentanément en arrière, ce qui occasionna
par la suite une gêne sensible dans le service du réapprovisionnement en munitions. Malgré ces difficultés, les
9 batteries réussirent à atteindre la crête et à se développer à droite et à gauche du village (A, B, C, fig. 9), sur la
ligne des tirailleurs.

Ce fut alors que la division de cavalerie française du
général Bonnemains, se sacrifiant pour sauver le reste de
l'armée, chargea les troupes prussiennes avec une audace
et une bravoure extraordinaires. En la voyant s'avancer
rapidement, le général Hausmann commandant l'artillerie
du XIe corps fit cesser le feu dans les batteries de gauche
pour préparer le tir à mitraille ; il laissa approcher les
escadrons ennemis à 250 mètres des pièces et donna
lui-même le signal d'une salve générale, à mitraille pour

les batteries de gauche, à obus pour les batteries de
droite : le feu violent de toute l'artillerie massée près
d'Elsashausen contribua puissamment à repousser l'attaque

Fig. 9. $\left(\frac{1}{50,000}\right)$

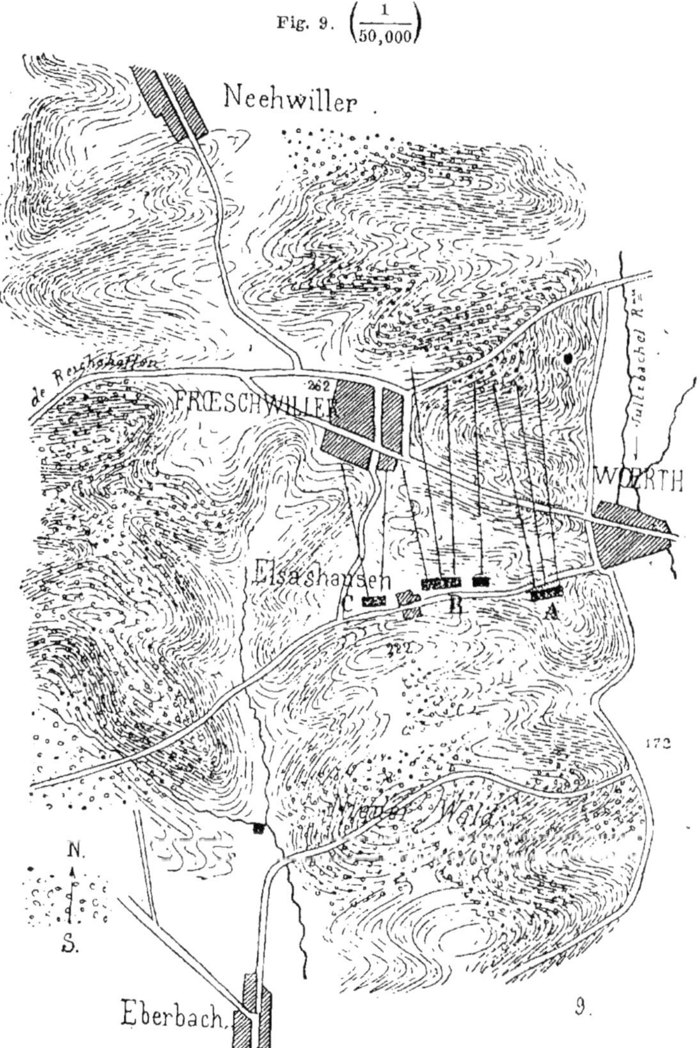

Au moment de la charge de la cavalerie française.

A, 4ᵉ, 2ᵉ et 1ʳᵉ batteries lourdes . . . . |
B, 2ᵉ et 6ᵉ batteries légères, 1ʳᵉ à cheval et 5ᵉ lourde } du XIᵉ corps.
C, 5ᵉ batterie légère et 3ᵉ batterie à cheval. . . . . |

de la cavalerie française. Cette ligne de bouches à feu fut
d'ailleurs bientôt renforcée par les batteries du Ve corps

Fig. 10. $\left(\frac{1}{50,000}\right)$

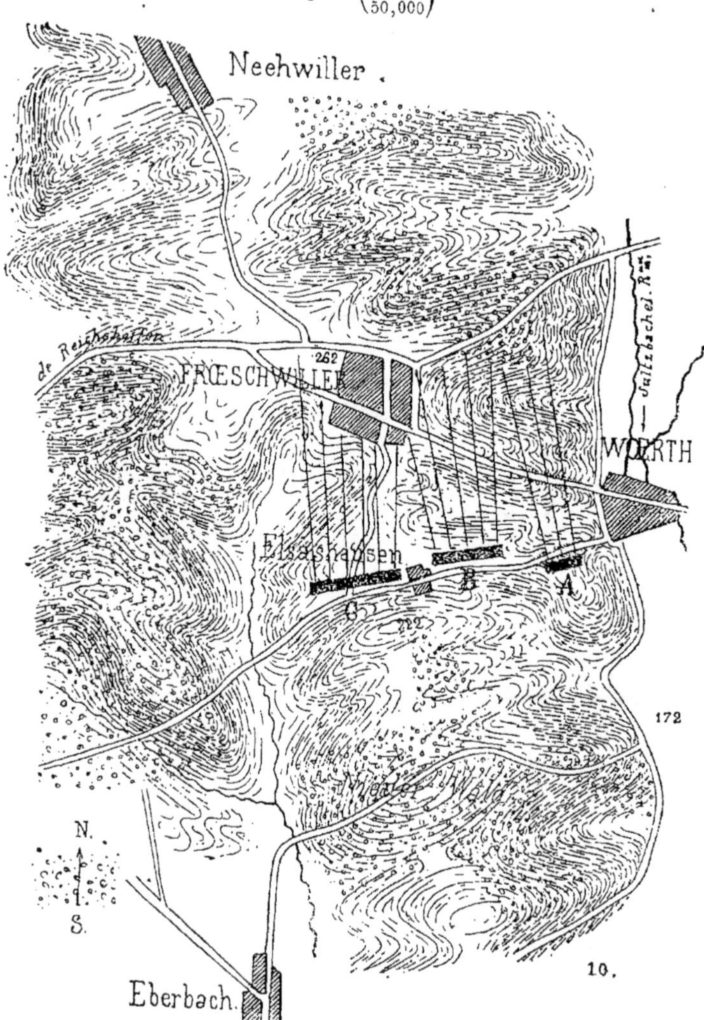

Commencement de l'attaque de Frœschwiller.

A, 4e, 2e et 1re batteries lourdes du XIe corps.
   2e batterie légère du XIe corps.
B 4e légère du Ve corps.
   6e légère, 1re à cheval et 5e lourde du XIe corps.
   5e batterie légère et 3e à cheval du XIe corps.
   5e légère, 6e et 5e lourdes et 6e légère du Ve corps.

qui commencèrent à arriver sur les hauteurs et prirent place, avec quelque désordre, à côté et au milieu des autres, dans les intervalles restés libres.

A 4 heures, 84 pièces furent en position près d'Elsashausen et tirèrent à 800 mètres sur les troupes qui défendaient encore Frœschwiller (A, B, C, fig. 10). Faute d'espace, le reste de l'artillerie des deux corps d'armée resta en réserve.

Prise de Frœschwiller et retraite de l'armée française. — Pendant que le XI° corps, suivi par la division wurtembergeoise, s'avançait sur le flanc droit de l'armée française, que le V° corps pressait de front, les I°ʳ et II° corps bavarois, laissant en arrière leur artillerie qui avait cherché vainement des positions favorables sur la rive droite du Sultzbæchel, attaquaient l'aile gauche de l'ennemi. Ainsi la 3° armée allemande formait un vaste demi-cercle qui enveloppait en partie Frœschwiller, le dernier point d'appui de son adversaire. Un combat violent d'artillerie s'engagea au S. de ce village; les batteries françaises résistèrent avec une grande ténacité, mais le mouvement de retraite de l'infanterie qui les couvrait permit à la 1ʳᵉ batterie à cheval du XI° corps de s'approcher à 600 mètres de la ligne ennemie (C′, fig. 11), sous la direction de son capitaine qui avait pris l'initiative de ce déplacement. Malgré le danger d'une situation aussi avancée et les pertes considérables que la batterie éprouva en peu d'instants (¹), elle repoussa une charge de cavalerie qu'elle ne pouvait plus éviter, faute d'attelages, et, soutenue par la 5° légère qui vint la rejoindre, elle contribua à préparer efficacement l'attaque décisive de Frœschwiller en tirant sur cette dernière position de l'ennemi et sur les troupes qui l'évacuaient. L'infanterie allemande arrivant de tous côtés

---

(¹) Les attelages de la 1ʳᵉ à cheval du XI° corps furent complétement détruits; la batterie, obligée de rester en place jusqu'à la fin de la bataille, dut attendre des chevaux de renfort pour se transporter à 400 mètres seulement, sur le terrain où elle devait bivouaquer.

réussit enfin à s'emparer du village, et à 5 heures toute
l'armée française était en retraite.

$$\text{Fig. 11.} \left(\frac{1}{50,000}\right)$$

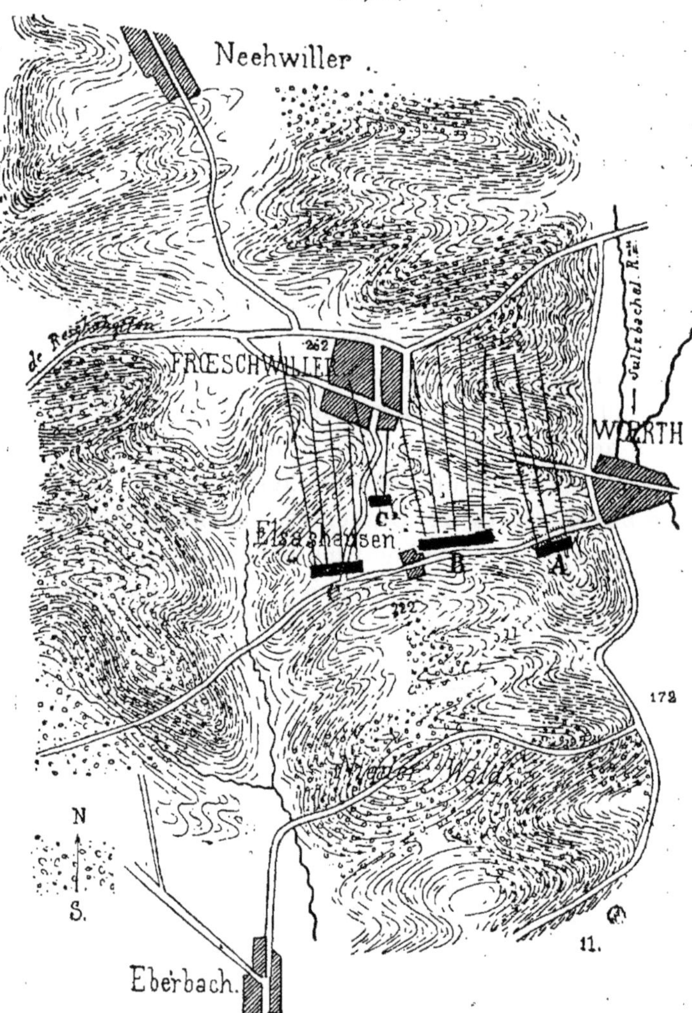

Assaut de Frœschwiller.

A, 4ᵉ, 2ᵉ et 1ʳᵉ batteries lourdes du XIᵉ corps.

(2ᵉ batterie légère du XIᵉ corps.
B 4ᵉ batterie légère du Vᵉ corps.
(6ᵉ batterie légère, 1ʳᵉ à cheval et 5ᵉ lourde du XIᵉ corps.

C, 5ᵉ batterie légère et 3ᵉ à cheval du XIᵉ corps.

C, 5ᵉ batterie légère, 6ᵉ et 5ᵉ lourdes et 6ᵉ légère du Vᵉ corps.

La cavalerie et la 5ᵉ batterie wurtembergeoises furent
envoyées en toute hâte pour suivre le mouvement de l'adversaire. Pendant que la première descendait dans la
vallée du Falkensteiner-Bach, la batterie s'établit sur les
hauteurs au N.-E. de Schirlenhoff (B, fig. 12) et tira à 800

Fig. 12. $\left(\dfrac{1}{50,000}\right)$

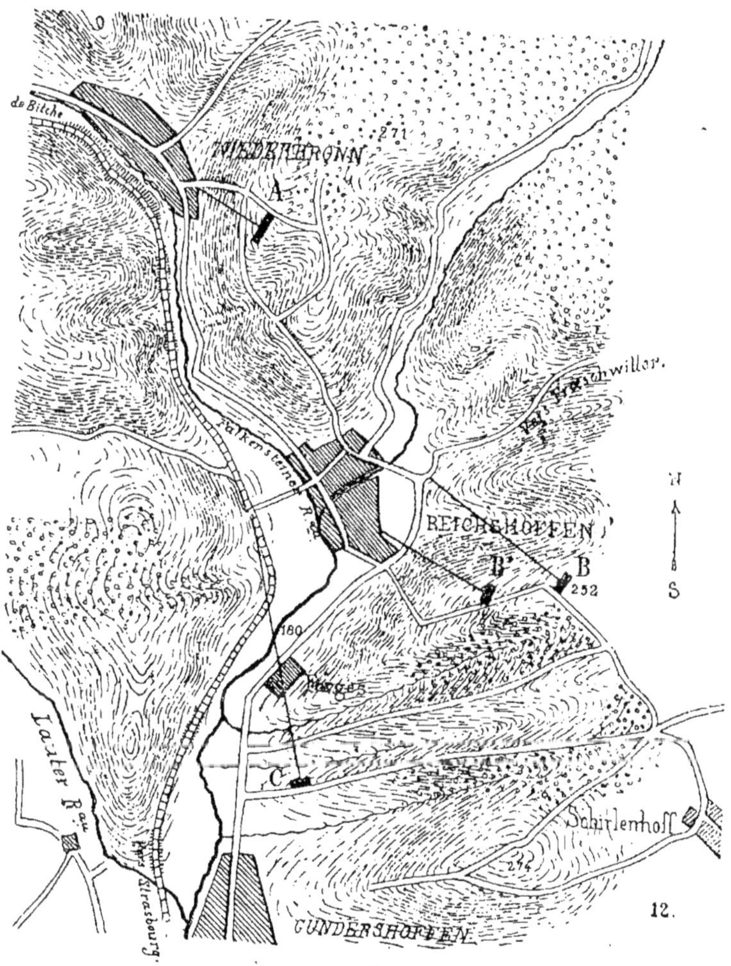

Pendant la retraite de l'armée française.

A, 3ᵉ batterie de 4 et 2ᵉ à cheval du IIᵉ corps.
B, B', 5ᵉ batterie de campagne wurtembergeoise.
C, 8ᵉ batterie de campagne wurtembergeoise.

mètres sur les détachements ennemis qui suivaient la route de Frœschwiller à Reichshoffen ; elle s'avança ensuite de 500 mètres environ (B', fig. 12) lorsque les escadrons de tête approchèrent de ce dernier village, et en prépara l'attaque en le bombardant. En même temps la 8ᵉ batterie wurtembergeoise qui accompagnait le 4ᵉ régiment de hussards prussien avait pris position entre Gundershoffen et les Forges (C, fig. 12) et tirait à 1 500 mètres sur les troupes qui évacuaient Reichshoffen dans la direction de l'O.

A l'aile gauche enfin, la 2ᵉ batterie à cheval et la 3ᵉ batterie de 4 du IIᵉ corps bavarois, après avoir traversé avec les plus grandes difficultés la vallée profondément encaissée qui remonte de Reichshoffen vers le N.-E., arrivèrent à 7 heures 1/2 sur le plateau qui s'étend à l'E. de Niederbronn. Lorsque les tirailleurs ennemis eurent été refoulés par la cavalerie dans le village, elles prirent position au bord des pentes qui le dominent (A, fig. 12) et tirèrent jusqu'à la nuit, à 2 000 et 2 500 mètres, sur les colonnes ennemies qui s'éloignaient. L'obscurité mit fin à la poursuite et les troupes allemandes s'arrêtèrent dans la vallée du Falkensteiner-Bach.

Remarques sur le rôle de l'artillerie allemande pendant la bataille de Wœrth. — L'artillerie allemande a joué, pendant la bataille de Wœrth, un rôle important qui a eu la plus grande influence sur l'issue de la lutte. Au point de vue de la conduite de cette arme sur le champ de bataille, il convient de signaler, dans un résumé rapide, un certain nombre de faits dont la considération peut être un utile enseignement.

Au *commencement du combat* d'avant-garde, on voit une seule batterie du Vᵉ corps, accompagnant une reconnaissance, faire apparaître par son tir à grande distance plusieurs batteries ennemies dont la présence indique le voisinage de forces importantes. Le but de l'opération étant ainsi atteint, la batterie se retire pour éviter une consommation de munitions ou des pertes inutiles.

A l'aile droite, l'artillerie de la 4ᵉ division bavaroise, soutenue par une partie de l'artillerie de corps, se heurte à des difficultés qui l'empêchent de prendre une part active au combat; elle essaie vainement, à deux reprises différentes, de suivre les têtes de colonnes de l'infanterie sur la rive droite du Sultzbæchel : l'énergique défense de l'adversaire, la nature du terrain boisé et accidenté ne lui permettent pas de prendre position et l'obligent à se retirer avec des pertes sensibles; sur la rive gauche, l'étendue des portées rend son tir inefficace; elle cesse aussitôt le feu en restant sur la défensive pour protéger au besoin la retraite des autres troupes.

Au centre, le colonel Gaede, commandant l'artillerie du Vᵉ corps prussien, la développe tout entière dès qu'on s'est décidé à engager l'action générale, et pousse ses batteries en avant, malgré les désavantages du terrain, jusqu'à ce qu'elles soient à bonne portée de l'ennemi. Il répartit entre les *Abtheilungen* la place dont on dispose et fait donner aux officiers sous ses ordres les indications nécessaires pour les mettre au courant de la situation quand ils arrivent sur le champ de bataille; il dirige lui-même le tir, d'après la marche des opérations, de façon à concentrer les feux sur les points les plus importants. Cette masse d'une centaine de pièces sur le front du Vᵉ corps seconde puissamment l'infanterie et constitue, pour le cas d'un échec, un solide point d'appui, qui permet au général de Kirchbach d'engager de bonne heure toutes ses réserves.

A l'aile gauche, toute l'artillerie du Vᵉ corps prussien est aussi réunie, sans distinction des groupes constitués, sous un commandement unique : on prive ainsi la 22ᵉ division de ses batteries, bien qu'elle soit envoyée au loin vers Morsbronn. En raison des difficultés qui gênent le mouvement des voitures et de l'exiguïté du plateau de Gunstett, les *Abtheilungen* sont divisées et mélangées. Les bouches à feu qui ont trouvé place au bord des pentes tirent non-seulement sur les troupes engagées contre le XIᵉ corps, mais encore sur celles que l'ennemi oppose au Ve, quand l'occasion s'en présente.

Dès qu'on est assuré de la possession du Niederwald, le général Hausmann, pour soutenir de plus près l'infanterie, à mesure qu'elle s'épuise davantage, se hâte de faire passer la Sauer à une partie de ses batteries ; mais il a soin de laisser une réserve sur les positions de Gunstett, afin de protéger la retraite en cas d'échec : il désigne les batteries qui doivent rester en arrière d'après les circonstances qui s'imposent et la place qu'elles occupent, sans s'attacher à conserver les groupes constitués. La rapidité avec laquelle ces décisions sont prises permet à l'artillerie, particulièrement aux batteries à cheval et légères, de parvenir en temps utile sur le théâtre même du combat, malgré les grandes difficultés qu'elles rencontrent : un sol détrempé, des pentes de 10 à 15 degrés, des différences de niveau de 40 à 50 mètres. Au moment de la crise qui suit le retour des Français sur Elsashausen, alors qu'une offensive prolongée a détruit la cohésion et brisé les forces de l'infanterie, la présence en première ligne de l'artillerie et de son commandant supérieur arrête le mouvement de retraite. L'organisation particulière de cette dernière arme met les hommes dans la main des officiers et lui donne une grande solidité : l'artillerie peut tenir au milieu du désordre, même dans la zone des feux de mousqueterie ; elle offre ainsi un point d'appui et un centre de ralliement aux autres troupes qui s'écoulent pendant un instant décimées, divisées et séparées de leurs chefs.

Après la reprise de l'offensive, le général Hausmann, reconnaissant qu'il importe d'occuper fortement la crête d'Elsashausen, appelle à lui en toute hâte les batteries de corps et les batteries divisionnaires qui ne peuvent plus rallier leurs divisions mélangées et confondues. Il en forme une masse puissante en dirigeant le mouvement de façon à grouper le plus grand nombre de bouches à feu sur les

points où elles sont le plus utiles : il fait donner aux officiers qui arrivent les renseignements nécessaires, car il
est devenu très-difficile à ceux qui sont restés en arrière de
se reconnaître au milieu du tumulte, d'apprécier les circonstances du combat et de distinguer les Allemands des
Français. Plus la lutte est vive et rapprochée, plus l'action
personnelle du commandant supérieur de l'artillerie est
indispensable. Lui seul est en mesure d'embrasser l'ensemble de la situation et de prendre les décisions importantes avec la rapidité convenable ; sa présence avec ses
batteries en première ligne soutient les autres troupes,
son mouvement en avant les entraîne ; il exerce ainsi sur
l'issue du combat une influence prépondérante.

Mais bientôt les Ve et XIe corps prussiens se heurtent
dans leur marche convergente vers Frœschwiller : leur
artillerie se mélange ; d'autre part, des pertes considérables
et le manque de munitions (¹) affaiblissent la ligne sur
certains points. La confusion et les difficultés qui résultent
de ces circonstances rendent l'unité de direction impossible ; aussi voit-on les commandants de batterie prendre
l'initiative pour s'avancer et pousser l'ennemi de plus en
plus, tant que l'état du personnel et du matériel leur permet encore de marcher.

Pendant la retraite de l'armée française, une faible partie
de l'artillerie, qui n'a pas encore été engagée, accompagne
aux allures vives les corps de cavalerie chargés de harceler
l'ennemi. L'épuisement des troupes et l'arrivée de la
nuit expliquent sans doute le peu d'énergie de la poursuite.

Les événements de la bataille de Wœrth et le rôle que
l'artillerie allemande fut appelée à y jouer ont donné lieu
aux observations suivantes.

Au point de vue du *matériel* employé, il ne semble pas

(¹) Le manque de munitions qui s'est fait sentir momentanément sur quelques
points ne provenait pas de l'insuffisance des approvisionnements, comme on le
verra par la suite, mais des difficultés de transport qui entravaient le mouvement
des voitures.

que la zone d'action efficace des canons de 8° ait été moins étendue que celle des canons de 9°.

Sous le rapport de la mobilité des batteries, on a constaté que l'artillerie légère et l'artillerie à cheval sont également susceptibles de surmonter les difficultés du terrain ; mais les batteries lourdes eurent beaucoup de peine à gravir les pentes d'Elsashausen ; les efforts qu'elles firent alors doivent être considérés comme l'extrême limite de ce qu'on peut attendre d'elles. Il est utile de remarquer que, pendant toute la bataille, le mauvais état du sol et des chemins a été la source de fatigues considérables, de retards et d'inconvénients de toute nature pour l'artillerie allemande.

En ce qui concerne *la répartition et le groupement des batteries* dans le corps d'armée, on voit que les circonstances ont souvent empêché d'en tenir compte et qu'on a été plusieurs fois conduit à réunir et employer sans distinction sous un commandement unique toutes les bouches à feu disponibles. Pendant la plus grande partie de la lutte, des divisions ont été ainsi privées de leur artillerie ; en outre, lorsqu'il s'est agi de laisser quelques batteries en arrière pour former une réserve, on les a désignées indistinctement parmi celles de l'artillerie divisionnaire ou de l'artillerie de corps.

La relation qui précède met suffisamment en évidence les avantages qui ont justifié ces différentes mesures.

L'existence de l'artillerie de corps a seulement permis, au commencement du combat d'avant-garde, d'augmenter le nombre des bouches à feu qui accompagnaient les troupes engagées, sur les points où un renfort paraissait nécessaire. Mais dès que le corps d'armée tout entier est entré en ligne, son artillerie de corps et son artillerie divisionnaire, groupées sous les ordres de leur commandant supérieur, ont joué le même rôle.

Les *distances de tir* varièrent entre 200 et 3 000 mètres ; jusqu'à cette dernière distance les effets produits furent sensibles tant que le feu put être dirigé contre des masses de troupes ou des villages dont la position permettait d'observer facilement les coups. Au delà de 3 000 mètres, aucun résultat ne parut être obtenu. A 1 800 mètres, le tir de l'artillerie réussit à arrêter des colonnes d'infanterie ; à 950 mètres, il fit reculer des groupes de tirailleurs et leurs soutiens ; à 1 500 mètres, le feu dirigé contre la lisière des bois, les vignes, etc., sembla encore efficace. Au moment des attaques décisives sur Elsashausen, puis sur Frœschwiller, on voit des batteries s'avancer avec beaucoup de succès jusqu'à 700 et 800 mètres de ces villages qu'elles prennent pour objectifs, et à 400 ou 500 mètres des lignes françaises.

L'observation des coups fut extrêmement difficile et cette circonstance diminua beaucoup les effets du tir : l'adversaire avait su profiter du terrain pour se dissimuler dans les couverts, et, d'autre part, il était impossible de distinguer, parmi les nombreux projectiles qui atteignaient à la fois le même but, ceux qui venaient de chaque batterie. Pour éviter autant que possible cet inconvénient, les commandants supérieurs de l'artillerie dirigèrent d'abord le feu de telle sorte que les différents objectifs fussent assez éloignés les uns des autres : on n'employa simultanément plusieurs batteries contre le même but qu'après avoir réglé le tir. En outre, à différentes reprises, on utilisa les instants de répit pendant lesquels la lutte se ralentissait, pour déterminer, par quelques coups de canon, la hausse correspondant à des points remarquables du terrain, qui pouvaient servir de repères. Cette mesure, exécutée sous la surveillance des officiers supérieurs, permit aux batteries allemandes de saisir rapidement un grand nombre d'occasions favorables.

L'approvisionnement des batteries fut assuré par les colonnes de munitions, dont le premier échelon se trouvait, dès la soirée du 5 août, pour le Ve corps (1re et 2e colonnes de munitions d'artillerie, 1re colonne de munitions d'infanterie), à 29 kilomètres du champ de bataille, et, pour le XIe (1re et 3e colonnes de munitions d'artillerie, 2e colonne de munitions d'infanterie), à 22 kilomètres. Pendant le combat, les deux premiers échelons et une partie des seconds se rapprochèrent de telle sorte qu'on put s'y réapprovisionner.

Ce mouvement ne fut exécuté, surtout pour le Ve corps, qu'avec les plus grandes difficultés, parce que les chemins se trouvaient encombrés par les troupes bavaroises de deuxième ligne. Cependant, sur des ordres pressants ([1]), les colonnes réussirent à s'avancer au trot et au galop jusqu'entre Soultz et Preuschdorf, où elles rencontrèrent des caissons vides qui déjà venaient au-devant d'elles. On se plaça sur les côtés de la route et on commença à remplir les voitures qui arrivaient des batteries : mais le nombre en augmenta si rapidement qu'il fallut se contenter de remettre aux gradés qui les amenaient les caissons pleins des colonnes.

La consommation des munitions devint en effet si considérable au Ve corps, qu'on fut obligé de recourir aux approvisionnements transportés par le XIe.

Pendant la journée du 7, les colonnes achevèrent de compléter les coffres des batteries et remplacèrent les hommes et les chevaux tués ou indisponibles ; les voitures vides furent dirigées sur Wissembourg pour y être remplies au parc.

On peut remarquer, d'après ce qui vient d'être dit et en se reportant au tableau de la consommation des munitions ([1]) que :

1° Le nombre des coups transportés par les batteries dans les avant-trains et les caissons (798 par batterie lourde, 942 par batterie légère) a été notablement supé-

---

([1]) L'appel fait aux colonnes de munitions fut plutôt une mesure de précaution qu'une nécessité absolue : on verra plus loin, en effet, que la consommation ne dépassa nulle part l'approvisionnement transporté par les batteries.

rieur à la dépense, même pour les troupes qui ont le plus tiré (¹);

2° Dans un des corps engagés, la consommation a été telle que l'approvisionnement transporté par les deux premières colonnes (33 p. 100 de l'approvisionnement total des batteries de ce corps) n'a pas suffi pour remplacer immédiatement les munitions brûlées (²);

3° La répartition des colonnes en deux échelons est utile pour permettre l'arrivée en temps opportun des ressources nécessaires;

4° Dans les premiers échelons, les deux colonnes de munitions d'artillerie ont été complétement épuisées; la colonne de munitions d'infanterie ne l'a été qu'à moitié.

Enfin, en ce qui concerne le remplacement des munitions sur le champ de bataille, la présence de 3 caissons dans le voisinage des pièces a paru suffisante; dans ce premier échelon, les batteries ont en effet à leur disposition immédiate 594 obus et 54 boîtes à mitraille par canon léger, 459 obus et 42 boîtes à mitraille par canon lourd, tandis que la dépense la plus considérable qui ait été faite s'est élevée seulement, pour toute la bataille, à 666 obus par bouche à feu de 8ᶜ, et à 449 par pièce de 9ᶜ.

Les officiers s'attachèrent d'ailleurs à prévoir les besoins de la consommation et assurèrent le service du réapprovisionnement en profitant de toutes les occasions favorables pour faire arriver de nouvelles munitions.

On voit, par le résumé qui précède, que la journée de Wœrth est un exemple remarquable d'une bataille offensive dans laquelle le rôle décisif appartient à l'artillerie allemande; elle a réussi à faire mouvoir et arriver en temps utile sur les points importants, à servir avec succès et approvisionner une quantité considérable de bouches à feu. Elle a su tirer parti de sa grande supériorité numérique pour triompher de batteries ennemies qui ont énergiquement résisté, pendant toute la durée de la lutte, « avec une grande habileté et, dans les moments critiques, avec une grande valeur ».

R. Gasselin, capitaine d'artillerie.

Composition de l'artillerie de la 3ᵉ armée allemande.

(6 août 1870.)

Commandant de l'artillerie : général Herdt.

Vᵉ CORPS D'ARMÉE.

Commandant de l'artillerie : colonel Gaede.

Artillerie de la 9ᵉ division : 1ʳᵉ division à pied du 5ᵉ rég. d'art. de campagne . . .
- 1ʳᵉ batterie lourde.
- 2ᵉ — —
- 1ʳᵉ — légère.
- 2ᵉ — —

Artillerie de la 10ᵉ division : 3ᵉ division à pied du 5ᵉ rég. d'art. de campagne . .
- 5ᵉ batterie lourde.
- 6ᵉ — —
- 5ᵉ — légère.
- 6ᵉ — —

Artillerie de corps. . . .

Division à cheval du 5ᵉ rég. d'art. de campagne. . .
- 2ᵉ batterie à cheval.
- 3ᵉ — —

2ᵉ division à pied du 5ᵉ rég. d'art. de campagne. . .
- 3ᵉ batterie lourde.
- 4ᵉ — —
- 3ᵉ — légère.
- 4ᵉ — —

Division de colonnes de munitions du 5ᵉ rég. d'art. de campagne.

XIᵉ CORPS D'ARMÉE.

Commandant de l'artillerie : général Hausmann.

Artillerie de la 21ᵉ division : 1ʳᵉ division à pied du 11ᵉ rég. d'art. de campagne.
- 1ʳᵉ batterie lourde.
- 2ᵉ — —
- 1ʳᵉ — légère.
- 2ᵉ — —

Artillerie de la 22ᵉ division : 2ᵉ division à pied du 11ᵉ rég. d'art. de campagne . . { 3ᵉ batterie lourde. / 4ᵉ — — / 3ᵉ — légère. / 4ᵉ — —

Artillerie de corps. . . . { Division à cheval du 11ᵉ rég. d'art. de campagne . . . { 1ʳᵉ batterie à cheval / 2ᵉ — — } 3ᵉ division à pied du 11ᵉ rég. d'art. de campagne. . . { 5ᵉ batterie lourde. / 6ᵉ — — / 5ᵉ — légère. / 6ᵉ — —

Division de colonnes de munitions du 11ᵉ rég. d'art. de campagne.

Iᵉʳ CORPS BAVAROIS.

Commandant de l'artillerie : général MALAISÉ.

Artillerie de la 1ʳᵉ division. { Division du 1ᵉʳ rég. d'art. . { 1ʳᵉ batterie de 4. / 3ᵉ — — / 5ᵉ — — / 7ᵉ — — } Colonne de munitions du 1ᵉʳ régiment d'artillerie.

Artillerie de la 2ᵉ division. . { Division du 1ᵉʳ rég. d'art. . { 2ᵉ batterie de 4. / 4ᵉ — — / 6ᵉ — de 6. / 8ᵉ — — } Colonne de munitions de 1ᵉʳ régiment d'artillerie.

Artillerie de la brigade de cuirassiers : 1ʳᵉ batterie à cheval du 3ᵉ régiment d'artillerie.

Artillerie de réserve (3ᵉ rég. d'art.). { 1ʳᵉ division. . . . . { 2ᵉ batterie de 4. / 3ᵉ — de 6. / 4ᵉ — — } 2ᵉ division . . . . { 5ᵉ batterie de 6. / 6ᵉ — — } 3ᵉ division . . . . { 7ᵉ batterie de 6. / 8ᵉ — — } Colonne de munitions du 1ᵉʳ régim. d'artillerie.

Colonne principale de munitions du 3ᵉ régiment d'artillerie.

IIᵉ CORPS BAVAROIS.

Commandant de l'artillerie : général Lutz.

Artillerie de la 3ᵉ division.
- Division du 4ᵉ rég. d'art. .
  - 3ᵉ batterie de 4.
  - 4ᵉ — —
  - 7ᵉ — de 6.
  - 8ᵉ — —
- Colonne de munitions du 4ᵉ régiment d'artillerie .

Artillerie de la 4ᵉ division. .
- Division du 4ᵉ rég. d'art. .
  - 1ʳᵉ batterie de 4.
  - 2ᵉ — —
  - 5ᵉ — de 6.
  - 6ᵉ — —
- Colonne de munitions du 4ᵉ régiment d'artillerie.

Artillerie de la brigade de uhlans : 2ᵉ batterie à cheval du 2ᵉ régiment d'artillerie.

Artillerie de réserve (2ᵉ rég. d'art.).
- 1ʳᵉ division . . . .
  - 1ʳᵉ batterie de 4.
  - 3ᵉ — de 6.
  - 4ᵉ — —
- 2ᵉ division . . . .
  - 5ᵉ batterie de 6.
  - 6ᵉ — —
- 3ᵉ division . . . .
  - 7ᵉ batterie de 6.
  - 8ᵉ — —
- Colonne de munitions du 4ᵉ régiment d'artillerie.

Colonne principale de munitions du 2ᵉ régiment d'artillerie.

DIVISION WURTEMBERGEOISE.

Commandant de l'artillerie : colonel DE SICK.

1ʳᵉ division d'artillerie de campagne . . . .
- 1ʳᵉ batterie de 6.
- 2ᵉ — de 4.
- 3ᵉ — —

2ᵉ division d'artillerie de campagne . . . .
- 4ᵉ batterie de 4.
- 5ᵉ — —
- 6ᵉ — de 6.

3ᵉ division d'artillerie de campagne . . . .
- 7ᵉ batterie de 4.
- 8ᵉ — —
- 9ᵉ — de 6.

Réserve de munitions attelée.

DIVISION BADOISE.

Commandant de l'artillerie : colonel DE FREYDORF.

1re division d'artillerie de campagne . . . .
- 1re batterie lourde.
- 2e — —
- 1re — légère.
- 2e — —

2e division d'artillerie de campagne . . . .
- 3e batterie lourde.
- 4e — —
- 3e — légère.
- 4e — —

Artillerie de la brigade de cavalerie : batterie à cheval.
Division de colonnes de munitions du rég. d'art. de campagne.

4e DIVISION DE CAVALERIE.

1re batterie à cheval du 5e régiment d'artillerie de campagne.
2e — — du 11e — — —

Effectif de la 3e armée.

DÉSIGNATION des CORPS DE TROUPES.	INFANTERIE. (Hommes.)	CAVALERIE. (Hommes.)	ARTILLERIE. (Bouches à feu.)
Ve corps prussien	24 700	1 200	84
XIe corps prussien	24 700	1 200	84
Ier corps bavarois.	25 000	2 750	96
IIe corps bavarois.	24 650	2 750	96
Division wurtembergeoise.	15 000	1 500	54
Division badoise	11 700	1 800	54
4e division de cavalerie	»	3 600	12
TOTAUX . .	124 850	14 800	480 (1)

Dégradations du matériel par le feu de l'ennemi.

Ve corps prussien.

4e batterie lourde. . . . . . . Une roue d'affût brisée.
3e — à cheval . . . . . .
- Une roue de caisson brisée.
- Un caisson brisé.
— légère . . . . Une vis de pointage brisée.

XIe corps prussien.

5e batterie légère. . . . . . .
- Une vis de pointage brisée.
- Un cliquet de sûreté brisé.

IIe corps bavarois.

1re batterie à cheval. . . . . . Un cadre de culasse brisé.

---

(1) Le nombre des bouches à feu de l'armée française était de 166, dont 41 mitrailleuses.

ÉTAT DES PERTES

de l'artillerie allemande pendant la bataille de **Wœrth**.

DÉSIGNATION des TROUPES.	OFFICIERS		TROUPE.		CHEVAUX.	
	Blessés.	Tués.	Blessés.	Tués.	Blessés.	Tués.
Artillerie du Ve corps.						
État-major	1	»	»	»	3	»
1re batterie lourde	»	»	1	»	1	»
2e — —	»	»	5	»	5	2
1re — légère	»	»	2	1	2	1
2e — —	»	»	6	»	5	5
5e — lourde	»	»	4	»	8	2
6e — —	»	»	7	»	4	5
5e — légère	»	»	2	»	5	»
6° — —	1	»	11	2	8	2
3e — lourde	1	»	6	2	5	2
4e — —	»	»	»	»	1	2
3e — légère	»	»	7	1	5	6
4e — —	»	»	3	»	3	1
2e — à cheval	1	»	9	»	3	8
3e — —	»	»	7	1	8	7
TOTAUX	4	»	70	7	64	45
Artillerie du XIe corps.						
État-major	»	»	»	»	4	»
1re batterie lourde	1	»	1	»	2	3
2e — —	»	»	4	»	11	6
1re — légère	»	»	3	»	4	2
2e — —	1	»	6	»	4	8
3e — lourde	»	»	»	»	2	»
3e — légère	»	»	1	»	4	1
4e — lourde	»	»	3	»	»	2
3e — légère	»	»	»	»	3	1
5e — lourde	1	»	3	1	6	2
6e — légère	»	»	1	»	»	»
5e — —	1	»	6	»	7	6
6e — —	»	»	1	1	6	»
1re — à cheval	1	»	6	1	22	11
3e — —	»	»	8	4	60	34
TOTAUX	5	»	43	7	135	76
Artillerie du 1er corps bavarois.						
1re batterie de 4	»	»	»	»	»	1
3e — —	»	»	1	»	»	2
5e — de 6	»	»	»	»	3	»
7e — —	»	»	»	»	2	»
TOTAUX	»	»	»	»	5	3
Artillerie du IIe corps bavarois.						
3e batterie de 4	»	»	»	»	1	»
1re — —	»	»	2	»	3	»
2e — —	»	»	»	»	4	»
3e — de 6	»	»	1	»	1	»
TOTAUX	»	»	3	»	9	»
Artillerie de la division wurtembergeoise.						
5e batterie	»	»	2	»	1	»

Consommation des munitions.

DÉSIGNATION des TROUPES.	OBUS ordinaires.	BOITES à mitraille.	TOTAL.
Ve corps prussien.			
1re batterie lourde	363	»	363
2e — —	302	»	302
1re — légère	422	»	422
2e — —	587	»	587
5e — lourde	272	»	272
6e — —	276	»	276
5e — légère	456	»	456
6e — —	666	»	666
3e — lourde	449	»	449
4e — —	257	»	257
3e — légère	372	»	372
4e — —	504	»	504
2e — à cheval	500	»	500
3e — —	500	»	500
TOTAUX. .	5 926	»	5 926
XIe corps prussien.			
1re batterie lourde	161	»	161
2e — —	552	»	252
1re — légère	397	»	397
2e — —	367	»	367
3e — lourde	133	»	138
4e — —	48	»	48
3e — légère	21	»	21
4e — —	67	»	67
5e — lourde	62	»	62
6e — —	28	»	28
5e — légère	107	5	113
6e — —	140	13	153
1re — à cheval	252	31	283
3e — —	253	14	267
TOTAUX. .	2 288	64	2 352
Ier corps bavarois.			
1re batterie de 4.	35	»	35
3e — —	289	»	289
5e — de 6	159	»	159
7e — —	130	»	130
TOTAUX. .	713	»	713
IIe corps bavarois.			
3e batterie de 4	80	»	80
2e — —	4	»	4
5e — de 6	65	»	65
1re — à cheval	65	»	65
2e — —	20	»	20
TOTAUX. .	234	»	234
Division wurtembergeoise.			
5e batterie	79	»	79
8e batterie	35	»	35
TOTAUX. .	114	»	114

NANCY, IMPRIMERIE DE BERGER-LEVRAULT ET Cⁱᵉ.